書下ろし

1日1分！
英字新聞チャレンジ

石田 健

祥伝社黄金文庫

はじめに

皆さん、こんにちは！「1日1分！英字新聞」シリーズは本書をもって記念すべき10冊目となりました。2011年3月11日の震災、その後の原発事故と放射線の問題など、私たちはかつて経験したことのない恐怖と危険を、この恵まれた国で体験しました。2012年はそのような悲惨な体験から復興へと出発する再生の年だと思います。それは私たちが試されるときだともいえます。

このまま恐怖に怯え続けるのか、あるいは、新しい世界を創造するのか？　私たちの能力が試されるときが来ています。人の能力を試すこと、それを英語でchallengeといいます。なので本書のタイトルを「1日1分！英字新聞チャレンジ」と名付けました。

これからの日本はどうなるか分からない。さらなる巨大地震、原発事故、あるいは財政破綻、社会保険制度の崩壊、どんな脅威が近い未来にあるか分かりません。そのような時代に、人は、できるだけ人生の選択肢を多く持っていたほうが有利といえます。英語を学ぶということ、外国人と世界共通語である英語でコミュニケーションをとることができるというのはこの選択肢をひとつ増やすということです。つまりそれだけ人生の選択の自由度が増えるわけです。

歴史的な円高を背景に多くの企業は今、どんどん海外に進出しています。企業が海外に拠点をシフトするということは、それだけ日本人も海外に出ていきます。英語公用語化を持ち出すまでもなく、企業は英語ができる人材を求めています。英語力は得体の知れぬ脅威に囲まれた、この不確実な社会をサバイバルするためには必要不可欠な武器になります。

英語力を伸ばすには絶えず英語に触れることが必要です。常に本書をカバンに入れて持ち歩き、すこしでも時間に空きができたら取り出して読んでください。駅で電車を待つとき、電車の中で、友達と待ち合わせのとき、夜寝る前に、1ページ。毎日これを繰り返し、本書を何度も読んでいただければ、1年で信じられないくらい英語力が伸びていることを実感できるでしょう！

本書はどこから読んでも良いように見開き2ページで完結しています。トランプをシャッフルするようにパラパラめくって偶然止めたページを読んでみましょう。そしてできたら頭の中でネイティブになりきって文章を読み上げてください。リスニング力も飛躍的にアップすることでしょう。

2012年3月

石田　健

この本の使い方

英文……2011年4月から2012年3月までの膨大な新聞記事の中から、とくに話題を集めた記事115本を厳選しました！　政治、経済からスポーツ、芸能まで、盛りだくさんの内容で飽きません。
短い文章ですが、単語や表現に手こずって、最初は読み進めるのに5分以上かかるかもしれません。
チェック！……記事に出てくる重要語彙を紹介しています。覚えた単語は□欄でチェックしましょう！
対訳……記事をこなれた日本語に翻訳しています。
訳出のポイント……日本人が間違いやすい項目や英字新聞の読み方、重要な文法事項をわかりやすく解説！　ここを読むだけでも、英語力がつきます。
チャレンジテスト……英字新聞の記事の内容をどれくらい理解できているか質問に答えてください。
音声ダウンロード……本書に掲載されている英文すべてを、ネイティブスピーカーが朗読しています。祥伝社のホームページから無料でダウンロードが可能です。詳しくは、本書最後の袋とじのページをご覧ください。

Contents

April,2011

2011 年 4 月

- Google Seeks to Make Its Search More "Social" (Apr 1, 社会)
- Softbank's President Son Gives ¥10 Billion to Earthquake and Tsunami Victims (Apr 5, 社会)
- President Obama Takes Aim at Second Term (Apr 6, 国際)
- Toyota and Microsoft to Team up (Apr 8, 経済)
- Ishikawa, Matsuyama Make Cut at Masters (Apr 11, スポーツ)
- Ishihara Re-elected as Tokyo Governor (Apr 12, 政治)
- Powerful Aftershock Strikes as Month Passed Since Twin Disasters (Apr 13, 社会)
- Fukushima Raised to INES Level 7 (Apr 14, 社会)
- Japan's March Trade Surplus Shrinks as Exports Sag after Disasters (Apr 21, 経済)
- Japan Bans Entry into Fukushima 20km Evacuation Area (Apr 22, 社会)

Google Seeks to Make Its Search More "Social"

Google Inc. has decided to liven up Web searches with a surprising move that would allow users to recommend search results they found useful to friends, in order to stop Facebook Inc. and other SNS-based companies from getting an advantage in Web development and possible profits from advertisements.

Apr 1, 2011

チェック！

- □**liven up**　活気づける
- □**surprising** [sərpráiziŋ]　驚くべき、意外な
- □**get（ting）an advantage**　優位を占める

対訳

「Googleが検索機能をより『ソーシャル』に」

Googleは、ユーザーが友人に役に立つ検索結果を勧められるという画期的な方法で、ウェブ検索を盛り上げる方針を明らかにした。これは、Facebook社や他のSNS企業のWeb開発や広告収益に対し、優位に立つためである。

2011年4月1日

訳出のポイント

- liven upは「活気づく」、「活気づける」という句動詞。
- 動詞surprise「驚かす」が形容詞化したsurprisingは「驚くべき」、「意外な」という意味。surprising moveで、「驚くべき方法」→「画期的な方法」と訳しています。
- get an advantageは「優位を占める」という意味です。似たような表現で、take advantage of ～もありますが、これは、「～を利用する」と意味が異なります。区別して覚えておくと便利です。
- SNS-based companies「SNS企業」の-basedは「～に基づく」「～中心の」で、ハイフンの前には様々な名詞を伴うことができます。Tokyo-based company「東京を拠点とする企業」やpaper-based information「紙ベースの情報」など様々な場面で用いられる便利な単語です。
- in order to Vは、「～するために」という基本表現です。今回は、in order toの前にカンマがありますので、in order to以下はカンマ以前の全文、つまり"Googleが決定した方針"を指しています。本日は、意味をより明確にするためにカンマを区切りに2文に分けています。
- Googleの検索結果において「+ 1」（プラスワン）ボタンが表示され、ユーザーが良いと思ったページや広告を「+ 1」ボタンで推薦することにより、Googleの検索結果を改良し、結果的にそのユーザーの友人に対して最良の検索結果を表示できるようにすることを目指しているそうです。

Softbank's President Son Gives ¥10 Billion to Earthquake and Tsunami Victims

Masayoshi Son, president of Japanese telecom giant Softbank, will personally donate 10 billion yen ($118 million) to support victims of the March 11 earthquake and tsunami and to fund the recovery of the affected area, the company announced.

Apr 5, 2011

チェック！

□**victim** [víktim]　被災者、犠牲者

□**telecom giant**　大手電話会社

□**fund the recovery**　復興のための資金を提供する

□**affected area**　被災地

対訳

「ソフトバンクの孫社長、地震・津波の犠牲者に義援金100億円」

日本の大手電話会社ソフトバンクの孫正義社長が、3月11日に発生した地震・津波の被災者らを支援し、被災地の復興資金を提供するために、個人として100億円（1億1800万ドル）を寄付する、と同社が発表した。

2011年4月5日

訳出のポイント

- victimの語源は「いけにえの動物」を意味するラテン語victima。ここから、「犠牲者」「被害者」という意味で広く使われる名詞となっています。今日の場合は、地震・津波といった「災害の犠牲者」→「被災者」ということです。
- 「巨人」という名詞giantは、人だけでなく国家や企業などを指して「強国」あるいは「巨大企業」「大手企業」といった意味でもしばしば登場するので、注意しておきましょう。ここではJapanese telecom giantで「日本の大手電話会社」ということです。
- 文の後半ですが、donate 10 billion yen「100億円を寄付する」の後には、目的を表す節がふたつ続くという構造になっています。ひとつ目はto support victims of the March 11 earthquake and tsunamiで、ふたつ目はto fund the recovery of the affected area。すなわち、「3月11日の地震と津波の被災者らを支援するため」および「被災地復興の資金を提供するため」というふたつの目的で、100億円の寄付が行われるということです。
- fundは「資金」という名詞として頻出の語ですが、動詞で「～に資金を出す」「～の資金を提供（供給）する」という意味にもなります。

President Obama Takes Aim at Second Term

U.S. President Barack Obama announced his intention to stand for re-election in 2012 on his website on Monday.

Apr 6, 2011

チェック!

☐**take aim at**　〜をねらう

☐**second term**　2期目

☐**intention** [inténʃən]　意図、意向

☐**stand for re-election**　再選を目指して出馬する

対訳

「オバマ米大統領、2期目をねらう」

バラク・オバマ米大統領が月曜日に自らのウェブサイトで、2012年の再選を目指して出馬する意向を表明した。

2011年4月6日

訳出のポイント

- 名詞 aim は「ねらい」「目標」「目的」の意。take aim at ～で「～をねらう」「～に照準を合わせる」という表現になります。
- term は「期間」「期日」という意味で広く使われる名詞です。term of office で役職などの「任期」の意味になります。今日のタイトルでは、米大統領の任期を指していて、second term で「2期目」ということです。したがって、takes aim at second term で「2期目をねらう」「2期目に照準を合わせる」となります。
- intention は「意図する」「つもりである」という動詞 intend の名詞形で、「意図」「意向」。announce one's intention to ～で「～する意向を表明する」という言い方になります。
- 句動詞 stand for は直訳すると「～のために立つ」ですが、「～に味方する」「～のために戦う」といった意味で使われ、選挙などで「～に立候補する」「～に出馬する」という表現にもなります。そこで stand for re-election で「再選のために戦う」→「再選を目指して出馬する」ということです。
- オバマ大統領のウェブサイト www.barackobama.com を見ると、次のメッセージが掲載されています。This campaign is just kicking off. We're opening up offices, unpacking boxes, and starting a conversation with supporters like you to help shape our path to victory. 2012 begins now, and this is where you say you're in.

Toyota and Microsoft to Team up

The world's largest car maker Toyota and the biggest software company Microsoft on Thursday announced their plan to work together in bringing internet-connected services to Toyota's vehicles across the world.

Apr 8, 2011

チェック!

□**team up**（= **work together**） 協力する、提携する

□**internet-connected services** インターネット接続サービス

□**vehicle** [víːəkl] 車両、車

対訳

「トヨタとマイクロソフトが提携へ」

世界最大自動車メーカーのトヨタとソフトウエア最大手のマイクロソフトは木曜日、世界中のトヨタ車にインターネット接続サービスを提供するために提携する計画を発表した。

2011年4月8日

訳出のポイント

- team は日本語「チーム」の語源としておなじみの語。通常は「班」「団」「隊」の意味の名詞としてよく知られていますが、実際には「チームを作る」という動詞としてもよく登場するので注意しましょう。とくに team up は「(チームを作って) 協力する」「連携する」「提携する」といった意味の句動詞で、英字新聞でも頻出です。今日の本文で登場している work together も、文字通りの意味は「一緒に働く」ですが、team up と同じように「協力する」「提携する」という意味で、しばしば使われます。work together in ～ ing あるいは work together on ～ ing で「～するのに協力する」「～するために提携する」という言い方になります。
- ふつう「自動車」というと car あるいは automobile が思い浮かぶかと思います。今日登場している vehicle は、これらの語よりも正式なニュアンスで使われる単語で、通例は陸上の「乗物」「輸送機関」を指します。car、bus、bicycle などを含む上位語であり、車輪が付いていて、道路やレール上を走行する乗物全般を含むと理解しておきましょう。日本語訳としては「車両」という語がしばしば用いられます。
- bring ～ to…は「…に～をもたらす」「…に～を届ける」。そこで、bringing internet-connected services to Toyota's vehicles across the world の部分は、「世界中のトヨタ車にインターネット接続サービスを届ける」→「世界中のトヨタ車にインターネット接続サービスを提供する」。

Ishikawa, Matsuyama Make Cut at Masters

19-year-old golf phenom Ryo Ishikawa, who has pledged to donate his entire prize money from the 2011 season to disaster relief efforts in his home country of Japan, made the cut on Friday for the first time in his three tries. Amateur Hideki Matsuyama also moved on at the Masters Tournament.

Apr 11, 2011

チェック！

□**make the cut** 〈ゴルフ〉予選を通過する、決勝ラウンドへ進む

□**golf phenom** ゴルフの天才

□**pledge** [plédʒ] 公約する

□**disaster relief efforts** 災害救援活動→被災者支援活動

対訳

「マスターズ、石川、松山が決勝へ」

2011 年シーズンの賞金全額を母国日本の被災者支援活動のために寄付することを宣言している 19 歳のゴルフの天才、石川遼選手が金曜日、マスターズ・トーナメント 3 度目の挑戦で初めての予選通過を果たした。また、アマチュアの松山英樹選手も決勝進出を決めた。　2011年 4 月11日

訳出のポイント

- make the cut は英字新聞のゴルフ関連記事ではよく登場する表現。ゴルフ用語で「予選を通過する」「決勝ラウンドに進む」という言い方です。反対の意味である miss the cut「予選落ちをする」とペアで確認しておきましょう。
- phenom は phenomenon の略。phenomenon はもともと「現象」「事象」という意味の名詞です。とくに "驚くべき現象" "不思議な事象" というニュアンスで使われることが多く、ここから人に対しても「驚くべき人」「並外れた人」「非凡な人」という意味で用いられます。例えば child phenomenon というと日本語でいう「神童」の意味になります。主に米国では、この phenomenon を phenom と略して、スポーツ選手などに対して使うことが多くなっています。したがって、golf phenom で「ゴルフの天才」ということです。
- pledge は「宣言する」「公約する」という動詞。pledge to donate で「寄付することを公約する」です。entire は「全体の」「全部の」という形容詞なので、his entire prize money from the 2011 season で「2011 年シーズンの賞金全額」ということになります。
- try は「試す」「やってみる」という動詞としてよく知られていますが、ここでは名詞で登場しています。「試すこと」「試み」の意味です。

Ishihara Re-elected as Tokyo Governor

Incumbent Tokyo Governor Shintaro Ishihara, famous for his often provocative remarks, comfortably won his fourth term in Sunday's gubernatorial election.

Apr 12, 2011

チェック!

- □ **re-elect** [riilékt]　再選する
- □ **incumbent Tokyo Governor**　現職東京都知事
- □ **provocative remark**　挑発的な発言
- □ **comfortably win**　楽勝する、圧勝する
- □ **gubernatorial election**　知事選挙

対訳

「東京都知事選、石原氏が再選」

日曜日の東京都知事選挙で、時に挑発的な発言で知られる現職の石原慎太郎氏が圧勝し、4期目の当選を果たした。

2011年4月12日

訳出のポイント

- incumbent はもともと「義務のある」「責務のある」という形容詞。ここから、役職や地位などに関して「現職の」「在職の」という意味で使われる語です。したがって incumbent Tokyo Governor は「現職の東京都知事」となります。
- provocative は「～を引き起こす」「～を誘発する」という動詞 provoke から派生した形容詞で「(人を) 刺激する」「怒らせる」→「挑発的な」という意味になっています。
- 名詞 remark は「発言」「意見」「見解」などを意味するので、provocative remarks で「挑発的な発言」ということです。そこで、famous for his often provocative remarks の部分は「しばしば挑発的な発言で有名な」→「時に挑発的な発言で知られる」ということになります。
- comfortably は「快適な」「心地よい」という形容詞 comfortable の副詞形で「快適に」「楽に」。つまり、comfortably win で「楽に勝つ」→「楽勝する」「圧勝する」ということです。
- gubernatorial は governor「知事」の形容詞形にあたる語で「知事の」。スペルの微妙な差異に注意しましょう。
- 現職の強さをまざまざと見せつけた形で、4期目の再選を果たした石原東京都知事。provocative remarks「挑発的な発言」といえば、先の津波について divine punishment「天罰」だと発言して、物議を醸したりもしました。

Powerful Aftershock Strikes as Month Passed Since Twin Disasters

A strong aftershock with a magnitude of 7.1 hit northeast Japan on Monday, exactly one month after the historic earthquake and tsunami killed more than 25,000 people and triggered the country's worst nuclear crisis.

Apr 13, 2011

チェック！

□**aftershock** [ǽfterʃɑ̀k]　余震

□**exactly** [igzǽktli]　正確に、まさに

□**trigger** [trígər]　引き起こす

対訳

「2 大災害から 1 ヶ月、大余震発生」

2 万 5000 人以上の犠牲者を出し、日本国内最悪の原子力危機を引き起こした歴史的地震と津波からまさに 1 ヶ月後の月曜日、マグニチュード 7.1 の強い余震が東北地方を襲った。
2011年 4 月13日

訳出のポイント

- aftershock は afterquake ともいいますが、「余震」にあたる英語です。twin は「双子」あるいは「双子の」という意味でおなじみの語。今日のタイトルでは、ほぼ同時に起こった大地震と大津波というふたつの大災害のことが twin disasters「双子の災害」と表現されており、対訳では「2 大災害」と訳しています。
- exactly は「正確な」という形容詞 exact に副詞を作る接尾辞 -ly がついたもの。意味としては「正確に」ということですが、具体的な日本語訳としては「ちょうど」「まさに」「まさしく」などの表現がぴったりくることが多い副詞です。したがって exactly one month after 〜で「まさに〜の 1 ヶ月後」ということになります。
- trigger も英字新聞頻出の動詞なので、しっかり復習しておきましょう。もともと trigger は銃などの「引き金」を意味する名詞。ここから、「(銃の) 引き金を引く」→「(物事を) 引き起こす」「もたらす」「誘発する」といった意味の動詞として使われるようになっています。そこで文末の triggered the country's worst nuclear crisis は「その国（＝日本）で最悪の原子力危機を引き起こした」ということです。
- 東日本大震災発生からちょうど 1 ヶ月が経ちました。死亡が約 1 万 3000 人、行方不明が約 1 万 4000 人、合計で 2 万 7000 人以上の犠牲者が出たことになります。奇しくもその日に、マグニチュード 7.1 の大余震が発生しました。

Fukushima Raised to INES Level 7

Japan's nuclear regulator, the Nuclear and Industrial Safety Agency (NISA), on Tuesday raised the severity level of its nuclear crisis to the maximum level 7, putting the Fukushima Daiichi power plant disaster on a par with the Chernobyl accident in 1986.

Apr 14, 2011

チェック！

□**raise** [réiz]　引き上げる

□**INES（= International Nuclear Event Scale）** 国際原子力事象評価尺度

□**nuclear regulator**　原子力規制機関

□**Nuclear and Industrial Safety Agency**　原子力安全・保安院

□**severity level**　深刻度

□**on a par with**　～と同等に、～に匹敵して

対訳

「福島原発、国際評価基準レベル 7 へ引き上げ」

日本の原子力規制機関である原子力安全・保安院は火曜日に、同国の原子力危機の深刻度を最悪のレベル 7 に引き上げた。福島第一原発災害を 1986 年のチェルノブイリ事故に匹敵すると評価した形だ。　2011年 4 月14日

訳出のポイント

- INES は International Nuclear Event Scale の略で、日本語では「国際原子力事象評価尺度」といいます。ただし、そのまま訳語を使うと冗長な日本語になることもあり、日本のメディアでも「国際評価基準」が慣例となっていることから、今日のタイトルでもこちらを用いています。
- regulator は「規制する」「管理する」という動詞 regulate に「～する人・もの」という接尾辞 -or がついたもので、「管理人」「規制機関」の意。そこで、nuclear regulator で「原子力規制機関」ということです。
- severe は日本語の「シビアな」の語源になった形容詞で「深刻な」「重篤な」。severity は、この severe の名詞形で「深刻さ」「重症度」の意味になります。したがって severity level で「深刻さの水準」→「深刻度」ということです。
- par というと、ゴルフの「基準打数」である「パー」を連想する人が多いかもしれません。もともとは、「同等」「等価」という意味の名詞です。ゴルフでは、各ホールごとに決まっている基準打数と "同等" で上がることを par というわけです。ちなみに、それより打数が多くなると、1 打で bogey、2 打で double bogey、3 打だと triple bogey となります。
- ついでなので、少し脱線しますが、par よりも少ない打数で上がる場合は、1 打少ないと birdie、2 打で eagle、3 打だと double eagle（albatross）といいます。birdie は bird「鳥」、eagle は「ワシ」のこと。

Japan's March Trade Surplus Shrinks as Exports Sag after Disasters

Japan's trade surplus shrank by 78.9% in March, as exports marked the first year-on-year decline in 16 months after the March 11's earthquake and tsunami disrupted the domestic and international supply chain for automobiles and electronics. Apr 21, 2011

チェック!

□**trade surplus**　貿易黒字

□**sag** [sǽg]　下がる

□**year-on-year decline**　対前年比減少

□**disrupt** [disrʌ́pt]　分断する、途絶させる

□**supply chain**　サプライチェーン、供給プロセス

対訳

「日本の3月貿易黒字が縮小、震災後の輸出減少で」

日本の3月貿易黒字は78.9％縮小となった。3月11日の地震と津波によって、自動車や電子機器の国内外のサプライチェーンが途絶し、輸出が対前年比で16ヶ月ぶりに減少したためだ。

2011年4月21日

訳出のポイント

- trade surplus「貿易黒字」は trade deficit「貿易赤字」とペアで押さえておきましょう。また、sag は道路などが重みで中央部が徐々に「沈下する」「陥没する」、あるいは門や橋などが重みで片方に「かしぐ」「たわむ」という動詞。ここから、物価や相場などが「下落する」、売上などの数字が「落ちる」という意味でも使われる語となっています。したがって、タイトルの exports sag は「輸出が減少する」ということです。
- marked the first year-on-year decline in 16 months の部分は直訳すると「16ヶ月で初の対前年比減少を記録した」→「対前年比で16ヶ月ぶりに減少した」。
- supply chain は物流用語で、日本語でも「サプライチェーン」といいます。原材料の調達から生産・販売・物流を経て最終需要者に至るまでの、製品・サービス提供のために行われる一連の流れのことを意味します。詳細は業種によって異なるわけですが、例えば今日の場合は、automobiles「自動車」と electronics「電子機器」ですから、製造業ですね。すなわち、部品の製造、部品を工場に運ぶ、部品を工場で組み立てて製品にする、製品を提供する、といったプロセスを一連の流れととらえて一貫管理することを、サプライ（供給）チェーン（連鎖）と呼びます。そして、disrupt は「～を崩壊させる」「～を中断させる」「～を途絶させる」という動詞。

Japan Bans Entry into Fukushima 20km Evacuation Area

The Japan government designated the 20km (12-mile) evacuation area around the radiation-spewing Fukushima Daiichi nuclear plant a no-go zone on Thursday. Apr 22, 2011

チェック！

□**ban the entry**　立ち入りを禁止する

□**evacuation area**　避難地域

□**designate A B**　A を B に指定する

□**radiation-spewing** [reidiéiʃən spjú:iŋ]　放射性物質を排出する

□**no-go zone**　立ち入り禁止区域

対訳

「日本政府、福島原発の 20 キロ圏内への立ち入りを禁止」

日本政府は木曜日、放射性物質を放出している福島第一原子力発電所から 20 キロ圏内の避難地域を立ち入り禁止区域に指定した。　2011年 4 月22日

訳出のポイント

- ban は英字新聞頻出の重要動詞で「〜を禁止する」。そして、entry が「進入」「立ち入り」という名詞なので、ban entry into 〜で「〜への立ち入りを禁止する」ということです。
- designate は「指名する」「指定する」という動詞。designate A B で「A を B に指名する」「A を B に指定する」という言い方になります。
- spew の語源は「つばを吐く」という意味の古英語 splwan。ここから、「〜を吐く」「〜をもどす（嘔吐する)」、あるいは火山が溶岩などを「噴出する」という意味の動詞です。とくに、spew carbon dioxide「二酸化炭素を排出する」、spew pollution「公害を吐く」→「公害をまき散らす」など、好ましくないものを「吐き出す」というニュアンスで使われることが多い語となっています。そこで、radiation-spewing は「放射性物質をまき散らしている」→「放射性物質を放出している」という形容詞です。no-go zone は直訳すると「行くことを禁止の区域」。すなわち、「立ち入り禁止区域」ということです。
- 日本政府が、東京電力福島第一原子力発電所から半径 20 キロメートル圏内を原則として立ち入り禁止とする cautious zone「警戒区域」に指定することを決定したニュースです。災害対策基本法に基づく措置で、退去命令に応じない場合には、10 万円以下の「罰金」fine または「拘留」detention といった罰則が科されます。現在圏内に残っている住民に対して、まずは退去の説得に努めるということです。

チャレンジコラム①

リスニング力を伸ばすには？（1）

正確に発音できない日本語を正確に聞き取ることはできないのと一緒で、正確に発音できない英単語を正確に聞き取ることはできません。巷には、英語の音声をシャワーのように毎日聞き続ければ自然とリスニング力が鍛えられる、といった英語教材が実に多いです。

それらは、幼児が家庭の環境でパパ、ママの言葉を聞いていると自然と言葉が身につくといったことを根拠にしています。しかし、それは幼児が他の言語を知らないという、特殊な環境があるからです。さらに幼児の脳はこの期間急速に成長します。この期間における言語習得の仕組みというのは未だ解明されてはいないのです。

私たち日本人は普段、日本語で考え、日本語を話します。そして日本語で思考する脳は完全に成長を終えています。このような環境でシャワーを浴びるように英語音声だけを聴き続けても、リスニング力を鍛えることは極めて難しいといえます。率直にいえば、そのやり方でリスニング力をアップするためには何年も何十年もかかります。

そうではないのです。リスニング力を鍛えるには、まず正しいスピーキング力を身につけなくてはいけません。つまり入れるだけではなく、出すこと。インプットだけではなくアウトプットをしていかないと、実はインプットであるリスニング力は身につかないのです。

May,2011

2011年5月

- Britain Celebrates Royal Wedding（May 2, 国際）
- U.S. Special Forces Kill Bin Laden（May 6, 国際）
- Japan PM Tells Hamaoka Nuclear Plant to Suspend Operations（May 9, 社会）
- Apple Brand Value at$153 Billion, Overtaking Google for Top Spot（May 10, 経済）
- Microsoft Nears Deal to Acquire Skype（May 11, 経済）
- Arnold Schwarzenegger and Wife Maria Shriver Announce Separation（May 12, 芸能）
- Singapore's Founding Father Lee Kuan Yew Resigns（May 16, 国際）
- Chinese and South Korean Leaders Visit Fukushima（May 23, 社会）
- Tepco Confirms Fuel Rod Meltdown in No.2 and 3 Reactors（May 25, 社会）
- Switzerland to Abandon Nuclear Power（May 27, 国際）

Britain Celebrates Royal Wedding

Prince William, second in line to the British throne, and Kate Middleton exchanged rings and vows at Westminster Abbey in London on Friday in the first royal wedding in 30 years. May 2, 2011

チェック！

□**second in line to the British throne**　英国王位継承順位2位の

□**exchange rings and vows**　指輪を交換し、誓いを交わす（＝結婚する）

□**Westminster Abbey**　ウェストミンスター寺院

対 訳

「英国、ロイヤルウェディングを祝福」

金曜日、30 年ぶりのロイヤルウェディングがロンドンのウェストミンスター寺院で行われ、英国王位継承順位 2 位のウィリアム王子とケイト・ミドルトンさんが指輪を交換し、結婚の誓いを交わした。　　2011年 5 月 2 日

訳出のポイント

- second in line は「列の（中の）2 番目」。そして throne は「王位」「王座」という名詞なので、second in line to the British throne を直訳すると「英国王位への列の中の 2 番目」。つまり、「英国王位継承順位 2 位の」ということになります。
- 今日の場合は British がついて「英国王位」となっていますが、一般的な表現として（be）second in line to the throne「王位継承順位 2 位である」をおぼえておきましょう。
- 名詞 vow は「誓い」「誓約」の意。そこで、exchange rings and vows を文字通り訳すと「指輪と誓いを交換する」。すなわち exchange marriage rings and wedding vows「結婚指輪と結婚の誓いを交わし合う」ということ。実は「結婚式を行う」「挙式する」という意味でしばしば使われる表現になっています。
- abbey はキリスト教の「大修道院」を指す語で、現在はもともと大修道院であった「大寺院」や「大邸宅」を意味することが多くなっています。この場合、今日の Westminster Abbey「ウェストミンスター寺院」のように、大文字を用いて Abbey とするのが一般的です。
- ウィリアム王子の両親であるチャールズ皇太子と故ダイアナ元妃の結婚式以来 30 年ぶりとなる大規模な「ロイヤルウェディング」に英国が沸きました。

U.S. Special Forces Kill Bin Laden

U.S. President Barack Obama announced on Sunday that Osama Bin Laden, the al-Qaeda leader and the mastermind behind the 9/11 attack in 2001, was killed in a raid by U.S. Navy SEALs on a compound in the Pakistani city of Abbottabad, saying "the world is now a safer and a better place". May 6, 2011

チェック！

- □**special force**　特殊部隊
- □**mastermind** [mǽstərmàind]　首謀者、黒幕
- □**raid** [réid]　襲撃、急襲
- □**Navy SEALs**　〈米〉海軍特殊部隊
- □**compound** [kɑ́mpaund]　屋敷

対訳

「米特殊部隊、ビンラディン容疑者を殺害」

バラク・オバマ米大統領は日曜日、米海軍特殊部隊がパキスタンのアボタバード市にある屋敷を急襲し、アルカイダの指導者で2001年の9・11テロ事件の首謀者ウサマ・ビンラディン容疑者を殺害したと発表。「世界はより安全でよりよい場所となった」と述べた。　　2011年5月6日

訳出のポイント

- mastermindは「立案者」「指導者」という名詞。ここから、計画（とくに犯罪などの）「首謀者」「黒幕」という意味でも使われます。この場合、mastermind behind ～「～の（陰の）首謀者」「～の（後ろの）黒幕」という形が一般的です。したがって、the mastermind behind the 9/11 attack in 2001で「2001年の9・11攻撃（＝テロ事件）の首謀者」ということです。
- U.S. Navy SEALsの正式名称はThe United States Navy Sea, Air and Land Teams。Sea, Air and Land Teamsを略して、通称SEALsと呼ばれる「海軍特殊部隊」です。この名称は、SEがsea（海）、Aがair（空）、Lがland（陸）と、陸海空のアルファベットの頭文字から取られたもの。その名の通り、陸海空問わずに偵察、監視、あるいは不正規戦まで含む特殊作戦に対応できる能力を持つことで知られます。また、もともとは水中破壊工作部隊に起源を持つ海軍特殊部隊ということで、「アザラシ」を意味する語sealにも掛けた部隊名となっています。
- raidは「襲撃する」「急襲する」という動詞でもありますが、ここでは名詞で「襲撃」「急襲」。そこで、was killed in a raid by U.S. Navy SEALsの部分は直訳だと「米特殊部隊による急襲の中で殺害された」となります。対訳では、“ビンラディンが殺害された”と受動態のまま訳さず、より自然な日本語になるよう「米特殊部隊が急襲し、（ビンラディンを）殺害した」としています。

Japan PM Tells Hamaoka Nuclear Plant to Suspend Operations

Japan's Prime Minister Naoto Kan has requested Chubu Electric Power Company to halt all operations at its Hamaoka Nuclear Plant in Shizuoka Prefecture, central Japan, where experts believe the chance that a powerful earthquake will hit is very high.

May 9, 2011

チェック！

☐**suspend**（= **halt**）[səspénd]　停止する

☐**operation** [àpəréiʃən]　運転、操業

対訳

「日本の首相、浜岡原発の運転停止を要請」

菅直人首相は中部電力に対して、日本中部の静岡県にある浜岡原子力発電所の全面運転中止を要請した。専門家は、この地域で大規模地震が発生する可能性が非常に高いと考えている。

2011年5月9日

訳出のポイント

- suspend も halt も「停止する」「中断する」という意の重要頻出動詞です。ここでは、suspend operations で「(原発の)運転を停止する」となっています。とくに本文では、halt all operations at its Hamaoka Nuclear Plant で「浜岡原子力発電所におけるすべての運転を停止する」→「浜岡原子力発電所の運転を全面停止する」ということです。文尾の where experts believe the chance that a powerful earthquake will hit is very high は、その直前の Hamaoka Nuclear Plant in Shizuoka Prefecture, central Japan「日本中部の静岡県にある浜岡原子力発電所」を説明するもの。
- believe といえば「信じる」「信頼する」という基本動詞ですね。しかし、実際には、日本語の「思う」あるいは「考える」などに近いニュアンスで使われることが多いことにも注意しておきましょう。そして、今日の場合は、experts believe ～で「専門家(ら)は～と考えている」という言い方になっています。したがって、where experts believe the chance that a powerful earthquake will hit is very high の部分は「専門家は、そこ(=静岡県の浜岡原発のある地域)で大規模地震が起こる可能性が非常に高いと考えている」ということです。対訳では、わかりやすい日本語にするために、この部分を独立させ、「専門家は、この地域で大規模地震が発生する可能性が非常に高いと考えている」としています。

Apple Brand Value at $153 Billion, Overtaking Google for Top Spot

Apple, maker of the iPhone, iPad, and iMac, has overtaken search-engine giant Google to become the world's most valuable brand, a new report by Millward Brown said.

May 10, 2011

チェック！

☐**brand value**　ブランド価値

☐**overtake** [òuvərtéik]　追い越す、追い抜く

☐**valuable** [vǽljəbl]　価値のある

対訳

「アップルのブランド価値＝1530億ドル、グーグルを抜いて世界一に」

ミルウォード・ブラウン社の新レポートによると、iPhoneやiPad、そしてiMacのメーカーであるアップル社が、インターネット検索大手のグーグルを抜いて、世界で最も価値のあるブランド企業となった。　2011年5月10日

訳出のポイント

- valueの語源は「力がある」「価値がある」という意のラテン語valere。ここから、実用性からみた「価値」「値打ち」という意味の名詞となっています。また、高価なものについて、その金銭的な「価値」、すなわち「値段」「価格」という意味にも使われる語です。今日の場合はbrand valueで「ブランド価値」。つまり、あるブランドが顧客や取引先、あるいは社会全体に対して持つ価値を意味する言葉です。
- overtakeが「～を追い越す」「～を追い抜く」という動詞なので、overtake Google for top spotで「首位に関してグーグルを追い抜く」→「グーグルを追い抜いて首位になる」ということです。
- 日本語でも「観光スポット」というように、spotは「場所」「地点」の意味でよく知られていますが、「位置」「順位」という意味でもよく使われる名詞。したがってタイトル中のtop spotは「首位」。
- search-engine giant Googleのgiantにも注意しておきましょう。giantはもともと「巨人」という名詞ですが、英字新聞では「大企業」「大手（企業）」の意味で頻出の語となっています。
- valuableは前述の名詞valueから派生した形容詞で「価値のある」「価値が高い」「高価な」。そこで、the world's most valuable brandで「世界の最も価値あるブランド」→「世界で一番価値あるブランド」ということです。

Microsoft Nears Deal to Acquire Skype

U.S. software giant Microsoft is close to clinching a deal to buy Internet telecom Skype, The Wall Street Journal reported on Monday. May 11, 2011

チェック！

□**near** [níər] （動詞）近づく

□**acquire**（= **buy**）[əkwáiər] 買収する

□**clinch a deal** 取引（契約）を成立させる、まとめる

□**Internet telecom** インターネット通信会社

対訳

「マイクロソフト、スカイプ買収間近か」

米ソフトウェア大手のマイクロソフト社が、インターネット通信会社スカイプの買収契約を近く成立させる見通しだという。ウォールストリート・ジャーナルが月曜日に伝えた。

2011年5月11日

訳出のポイント

- near は「近い」という形容詞としておなじみの語ですが、「～に近づく」「～に接近する」という動詞でもあります。そこで、今日のタイトルを直訳すると「マイクロソフトがスカイプ買収の取引に近づく」→「マイクロソフト、スカイプ買収間近」ということです。同様に、本文の be close to ～も「～に近い」「～寸前で」という言い方。そして、その後ろにきている clinch a deal は「取引を成立させる」「契約をまとめる」という表現なので、is close to clinching a deal to buy で「買収契約の成立寸前である」。対訳では、やや婉曲的に「買収契約を近く成立させる見通しだ」と訳しています。
- 動詞 acquire の基本的な意味は、長い時間をかけて、あるいは努力して「得る」というもの。ここから、評判・評価などを「得る」「獲得する」、能力・趣味・知識などを「習得する」「身につける」などの意味になります。そして、今日の場合は企業などを「買収する」。つまり、本文で言い換えられているように buy と同じ意味で使われています。
- スカイプは2003年設立のインターネット通信会社。ネットを使って利用者同士が無料で通話できるほか、一般の電話へも低料金でかけられるプランを提供しています。ただし、無料サービスのみの利用者が圧倒的に多く、2010年は700万ドルの赤字。マイクロソフトはスカイプ買収によってネット関連サービスを強化し、米グーグルやアップルへの対抗をねらうと思われます。

Arnold Schwarzenegger and Wife Maria Shriver Announce Separation

Former California Governor Arnold Schwarzenegger and his wife, Maria Shriver, announced on Monday that they were separating after 25 years of marriage.

May 12, 2011

チェック！

☐**separation** [sèpəréiʃən]　別居

☐**former California Governor**　前（元）カリフォルニア州知事

対 訳

「アーノルド・シュワルツェネッガー前知事とマリア・シュライバー夫人が別居を発表」

月曜日、カリフォルニア州のアーノルド・シュワルツェネッガー前知事と妻のマリア・シュライバーさんが、25年の結婚生活の末に別居に至ったことを発表した。

2011年5月12日

訳出のポイント

- separateは「離れる」「分離する」という動詞。ここから、夫婦などが「離れる」→「別れる」の意、すなわち「別居する」(ときには「離婚する」)という意味でもよく使われる語となっています。separationはその名詞形で「別居」「別離」。したがって、タイトルのannounce separationは「別居を発表する」ということです。
- formerは「前の～」「先の～」という形容詞。とくに、役職名などの前について「前～」「元～」という意味で頻出の語です。したがって、former California Governorで「前カリフォルニア州知事」となります。
- marriageといえば「結婚」ですが、日本語でいうと「結婚生活」に近いニュアンスまで含む語でもあります。そこで、文末のthey were separating after 25 years of marriageは「彼らは25年の結婚生活の後で別居している」→「彼らは25年の結婚生活の末に別居に至った」ということになります。
- オーストリア出身のボディービルダーから、映画『ターミネーター』で一世を風靡し、ハリウッドの大スターとなったシュワルツェネッガー氏。2003年10月にはカリフォルニア州知事選に出馬、圧倒的な知名度で当選し、政治家への華麗な転身を果たしました。その後、知事を2期務め、2011年1月に退任したばかりです。一方、故ケネディ元米大統領の姪でもあるマリア・シュライバーさんは、かつてテレビの人気キャスターとして活躍。

Singapore's Founding Father Lee Kuan Yew Resigns

Singapore's founding father, and first Prime Minister Lee Kuan Yew and his successor Goh Chok Tong on Saturday resigned from the cabinet after their party's worst election result since independence in 1965.

May 16, 2011

チェック！

☐**founding father**　建国の父

☐**successor** [səksésə*r*]　後任者、後継者

☐**resign from the Cabinet**　閣僚を辞任する

☐**independence** [ìndipéndəns]　独立

対訳

「シンガポール、建国の父が辞任」

シンガポール建国の父で初代首相リー・クアンユー氏とその後任者ゴー・チョクトン氏は土曜日、1965年の独立以来与党にとっての最悪な選挙結果を受けて、閣僚辞任を発表した。 2011年5月16日

訳出のポイント

- found というと「見つける」「発見する」という意味でおなじみの動詞 find の過去形・過去分詞形でもあります。しかし、全く別にもうひとつの動詞 found も存在し、その意味は「～の基礎を築く」「～を設立する」「～を創立する」というもの。今日の場合は、こちらの動詞 found の現在分詞が形容詞化した founding で「設立の」「創立の」という意味になっています。そこで、founding father で「設立（創立）の父」→「設立者」「創立者」。とくに、「国家の創立者」という意味で、日本語の「建国の父」にあたる表現として、しばしば登場する言い方です。
- success というと「成功」という名詞として知られますが、successor は "成功" には全く関係がない単語なので注意しましょう。というのは、動詞 succeed には「成功する」とは別に「～のあとを継ぐ」「～の後任となる」という意味があるからです。successor はこちらの意味の succeed から派生した名詞で「あとを継ぐ人」→「後継者」「後任者」になります。
- resign も「辞任する」という意味で英字新聞最頻出の動詞。resign from the cabinet で「閣僚から辞任する」「閣僚を辞める」という言い方です。
- their party's worst election result の部分は直訳すると「彼らの政党の最悪な選挙結果」ですが、ここでいう彼らとは「建国の父である初代首相とその後任者（＝2代目首相）」。

Chinese and South Korean Leaders Visit Fukushima

Chinese PM Wen Jiabao and South korea President Lee Myung-bak, along with Japanese PM Naoto Kan, toured the area near the Fukushima nuclear plant on Saturday in a show of support for their quake and tsunami-hit neighbor. May 23, 2011

チェック！

□**along with** 〜とともに

□**tour** [túər] 視察する

□**in a show of support for** 〜への支援を表明する

□**neighbor** [néibər] 隣国

対訳

「中韓首脳、福島を訪問」

中国の温家宝首相と韓国の李明博大統領は土曜日、日本の菅直人首相とともに福島原発の周辺地域を視察し、地震と津波に見舞われた隣国日本への支援を表明した。

2011年5月23日

訳出のポイント

- leader は日本語でも「リーダー」というように「指導者」「先導者」。今日のタイトルでは Chinese and South Korean leaders なので「中国と韓国の指導者たち」→「中国と韓国の首脳」ということです。
- すっかり日本語になっている「ツアー」の語源である tour はもともと「回転」「1周」という意味の古フランス語。ここから観光・視察などで数カ所をめぐる「旅行」「周遊」という名詞になっています。今日の場合は動詞で登場しており、観光や視察で（各地を）「めぐる」「訪れる」の意味になっています。そこで、toured the area near the Fukushima nuclear plant で「福島原発に近い地域（の各地）を訪れた」→「福島原発の周辺地域を視察した」ということです。
- show は「～を見せる」「～を表す」などの意の基本動詞として知られています。ただし、ここでは名詞で「見せること」→「表現」「表明」の意味。そこで、in a show of support for ～で「～への支援の表明の中で」→「～への支援を表明して」という表現です。
- neighbor は「近所の人」「隣人」。ここでは国のレベルでの“隣人”なので「隣国」、すなわち neighboring country を意味しています。
- 日中韓首脳会談のために来日した中国の温家宝首相と韓国の李明博大統領が、東日本大震災の被災地を訪れたニュースです。両首脳はそれぞれ宮城県の被災地や避難所を訪問した後、福島市で菅首相と合流しました。

Tepco Confirms Fuel Rod Meltdown in No.2 and 3 Reactors

Tokyo Electric Power (Tepco), the operator of Japan's Fukushima Daiichi Nuclear Power Plant reported on Tuesday the meltdown of fuel rods not only in the Number 1 but in the Number 2 and Number 3 reactors within a few days after the March 11th earthquake and tsunami.

May 25, 2011

チェック！

- □**fuel rod meltdown**　炉心溶融
- □**reactor** [ri(:)ǽktər]　原子炉
- □**operator** [ápərèitər]　運営会社

対 訳

「2、3号機でも炉心溶融、東電が発表」

福島第一原発の運営会社である東京電力（Tepco）は火曜日、第1号機原子炉だけでなく2号機3号機でも、3月11日の地震および津波発生から数日以内に炉心溶融が起きていたことを報告した。　2011年5月25日

訳出のポイント

- confirm は「確認する」「確かめる」という動詞としてよく知られています。また、（確認した事実を）「承認する」、あるいは（確認した事実を）「はっきり言う」→「（正式に）発表する」というニュアンスでもしばしば使われる語です。
- fuel rod は「燃料棒」。nuclear fuel rod で「核燃料棒」となります。meltdown は日本語でも「メルトダウン」といいますが、「溶けること」「溶融」。ここでは fuel rod meltdown で「（原子炉の炉心内の）燃料棒が溶けること」の意味で、日本語では「炉心溶融」と訳されます。
- 「原子炉」は nuclear reactor ですが、しばしば nuclear を省略して reactor だけで使われます。日本語の報道では通常「1号機」「2号機」といわれますが、これは「1号機原子炉」「2号機原子炉」ということ。したがって、英語では Number 1 reactor、Number 2 reactor のようになります。
- not only A but also B は日本人にはなじみのある構文。「A だけでなく B も」「A のみならず B も」「A ばかりでなく B も」という意味で、様々な文脈で応用できる便利な表現です。今日の場合は also が省略されて not only A but B という形になっていることに要注意です。実は also を抜いても意味的には全く同じ。日常的にはこちらの形もよく使われるので、あわせて確認しておきましょう。

Switzerland to Abandon Nuclear Power

The Swiss government decided to phase out its nuclear power, amid growing public hostility toward the industry in the wake of the disaster at Japan's Fukushima nuclear power plant in March.

May 27, 2011

チェック！

□**abandon nuclear power**　原発を廃止する

□**phase out**　段階的に廃止する

□**public hostility**　国民の反発

□**in the wake of**　～を受けて

対訳

「スイス、脱原発へ」

3月に発生した日本の福島原発事故を受けて、原子力発電に対する国民の反発が高まる中、スイス政府は原発の段階的廃止を決定した。
2011年5月27日

訳出のポイント

- abandon は「中止する」「断念する」という動詞。「捨て去る」「遺棄する」「廃棄する」といった意味でも使われます。今日のタイトルでは abandon nuclear power で「原子力(発電)を捨てる」→「原発を廃止する」→「脱原発する」ということです。
- phase は「段階」という意味の名詞としてよく知られる語ですが、ここでは動詞で登場しています。動詞 phase は「段階的に実行する」「段階的に採用(導入)する」の意。そこで phase out は「段階的になくす」→「段階的に停止(廃止・除去)する」「徐々に削減する」という意味の句動詞になります。したがって phase out its nuclear power で「原発を段階的に廃止する」ということです。
- hostility は「敵意」「敵愾心(てきがいしん)」「反感」といった意味の名詞。hostility toward ～で「～に対する敵意」「～への反感(反発)」です。そこで public hostility toward the industry は「その業界(=原子力業界=原子力発電)に対する国民の反発」。また、その前には「～の中で」「～の最中に」という amid と「増大する」「高まる」という意味の形容詞 growing がついていますね。したがって、amid growing public hostility toward the industry の部分は「高まる原子力発電への国民の反発の中で」→「原子力発電に対する国民の反発が高まる中で」ということです。
wake は「目を覚ます」「目が覚める」という動詞として知られていますが、ここで使われているのは全く別の単語です。

チャレンジコラム②

リスニング力を伸ばすには？（2）

シャドーイングという言葉を聞いたことがありますか？　これは通訳の世界でよく使われる訓練方法なのですが、ネイティブの発声を、影のように追っかけて発声することです。学校の授業では、先生がまず英文を読みます。そして“Repeat after me”といって生徒はその英文をリピートしますが、先生の発声と生徒の発声との間には空白があります。このやり方、つまりリピーティングといいますが、どうしても生徒は自分の発音に置き換えて発声します。ジャパニーズイングリッシュです。

シャドーイングは先生が英文を読みだしたら、少し遅れて生徒も読みだします。生徒は先生の発音を真似て発音しなくてはなりません。これだと自然に正しい発音、正しいアクセントが身につくようになります。

さらにシャドーイングをしながら、先生の発音のスピードに追いつき、同時に発音してみてください。これをオーバーラッピングといいます。先生の声に自分の声を完全に重ねてしまうことです。ここで先生の発音と自分の発音、アクセントのズレに気づいてください。このシャドーイングとオーバーラッピングを繰り返せば飛躍的にあなたの英語力は向上します。

June,2011

2011 年 6 月

- World Food Prices to Double by 2030 （Jun 1, 国際）
- IAEA: Japan 'Underestimated' Tsunami Nuclear Risk（Jun 2, 国際）
- Japan PM Kan Survives No-confidence Motion（Jun 3, 政治）
- French Open: China's Li Na Wins Women's Singles（Jun 6, スポーツ）
- Chinese Teen Boy Sells Own Kidney for iPad 2（Jun 10, 社会）
- IMF Hit by Major Cyber Attack （Jun 13, 国際）
- Vietnam Begins Naval Drills in South China Sea（Jun 14, 国際）
- Hayabusa Gets Guinness Recognition （Jun 15, 社会）
- Ryo Ishikawa Makes the Cut at U.S. Open（Jun 20, スポーツ）
- Lady Gaga Sued over Japan Earthquake Charity Wristbands（Jun 29, 芸能）

World Food Prices to Double by 2030

The prices of staple foods will more than double over the next two decades unless urgent action is taken to reform the global food system, international charity organization Oxfam has warned. Jun 1, 2011

チェック！

☐**double** [dʌ́bl]　倍になる

☐**staple food**　主食物、食糧

☐**take urgent action**　緊急対策をとる

☐**reform** [rifɔ́:rm]　改革する

☐**international charity organization**　国際慈善団体

対訳

「世界の食糧価格、2030年までに2倍へ」

世界の食物システムを改革する対策を緊急にとらなければ、今後20年以内に世界の食糧価格は2倍以上になる、と国際慈善団体オックスファムが警告した。

2011年6月1日

訳出のポイント

- doubleは「倍の」「2倍の」という形容詞としてよく知られる語ですが、今日の記事では「倍になる」「2倍になる」の意の動詞として登場しています。前置詞byには「～によって」「～の近くに」など様々な意味がありますが、タイトルのbyは終了期限・時間を表す用法で、by 2030で「2030年までに」ということです。
- over the next ～はシンプルですが日常でも頻繁に使われる表現なので、確認しておきましょう。～の部分に何時間、何日、何週、何ヶ月など具体的な時間・期間を示す表現が入り、「これからの～の間に」「次の～のうちに」という意味になります。そこで、decadeが「10年」という名詞なので、over the next two decadesで「次の20年のうちに」「今後20年以内に」ということ。
- unlessは「～でない限り」「～しない限り」「もし～でなければ」という接続詞。take actionは「行動をとる」「措置を講じる」という重要表現です。ここでは、この表現の応用となっています。まず「急を要する」「緊急の」という意味の形容詞urgentが加わってtake urgent actionで「早急な対策をとる」「緊急対策を講じる」。さらに、これを受動態にするとurgent action is taken「緊急対策がとられる」になります。したがって、unless urgent action is takenで「緊急対策がとられない限り」ということです。ただし、対訳では自然でわかりやすい日本語にするために能動態の「緊急対策をとらない限り」としています。

IAEA: Japan 'Underestimated' Tsunami Nuclear Risk

A report by an investigation team from the International Atomic Energy Agency on a visit to Japan pointed out that the country underestimated the risk of tsunamis to its coastal nuclear power plants.

Jun 2, 2011

チェック！

□**IAEA**（= **International Atomic Energy Agency**） 国際原子力機関

□**underestimate** [ʌ̀ndəréstəmèit] 過小評価する

□**investigation team** 調査団

□**point out** 指摘する

対訳

「IAEA、日本は原発の津波リスクを『過小評価』」

日本訪問中の国際原子力機関調査団の報告書では、沿岸部にある原子力発電所に対する津波の危険性を過小評価していた、との指摘がされた。　2011年6月2日

訳出のポイント

- underestimate は under-（下に、より少なく）＋ estimate（見積もる、推定する）という成り立ちの動詞。したがって「より少なく推定する」→「過小評価する」「みくびる」という意味になっています。
- on a visit to ～は「～を訪問中の」「～を訪問中に」という表現。そこで an investigation team from the International Atomic Energy Agency on a visit to Japan の部分は、「日本を訪問中の国際原子力機関の調査団」となります。
- 今日の本文は主語が長いので少しわかりづらいかもしれません。（A report by an investigation team from the International Atomic Energy Agency on a visit to Japan） pointed out that the country underestimated the risk of tsunamis to its coastal nuclear power plants.（　）で囲んだ部分がすべて主語で、したがって述語にあたる動詞はその直後の pointed out「指摘した」です。そして、後半の that 以下は "指摘した内容" を説明しているわけです。
- risk は「危険性」「リスク」。risk ～ to…で「…に対する～のリスク」「…への～の危険性」。したがって、risk of tsunamis to its coastal nuclear power plants は「その（＝日本の）沿岸部にある原子力発電所に対する津波の危険性」ということです。
- 今日は、来日中の IAEA 調査団が、福島第一原発事故に関する仮報告書を政府に提出したというニュースです。調査団は、今回の原発事故は（すでに東電も認めているように）5.7 メートルの防護壁を越える津波を想定しておらず、非常用電源を失ったことが要因と断定。

Japan PM Kan Survives No-confidence Motion

Japanese Prime Minister Naoto Kan survived a no-confidence motion on Thursday after expressing his intention to step down once the country achieves a certain progress in recovery from the March 11 earthquake and nuclear disaster. Jun 3, 2011

チェック！

□**survived a no-confidence motion** 不信任案を切り抜ける→不信任案が否決される

□**achieve a certain progress** ある程度の進歩を達成する→一定のめどがつく

□**recovery** [rikʌ́vəri] 回復、復興

対 訳

「日本の菅首相の不信任案、否決」

木曜日、日本の菅直人首相の不信任案が否決された。これに先だって菅首相は、3月11日の震災および原発事故の復興に一定のめどがつき次第、退陣する意向を表明していた。

2011年6月3日

訳出のポイント

- no-confidence は「不信任」。no-confidence motion で「不信任案」「不信任動議」となります。また、no-confidence vote だと「不信任投票」なので、あわせて確認しておきましょう。
- survive は「生き残る」「切り抜ける」という動詞なので、survive a no-confidence motion で「不信任案を切り抜ける」。つまり、S survive a no-confidence で「S（主語）が不信任案を切り抜ける」→「S の不信任案が否決される」という表現になります。
- express one's intention to ～で「～する意向を表明する」。ここでは、express his intention to step down で「退陣（辞任）する意向を表明する」ということです。
- 名詞 progress は「進歩」「進展」。achieve progress in ～で「～において進歩を遂げる」「～で進展を達成する」という表現になります。今日の場合は certain「ある程度の」「一定の」という形容詞が加わって、achieve certain progress in ～で「～においてある程度の進歩をみる」という言い方になっています。また、once は「～するとすぐに」「～した時点で」という接続詞。したがって、後半部分の once the country achieves a certain progress in recovery from the March 11 earthquake and nuclear disaster を直訳すると「その国（＝日本）が3月11日の地震および原発事故からの復興において一定の進歩を達成し次第」。

French Open: China's Li Na Wins Women's Singles

Li Na made history as not only the first Chinese but also the first Asian tennis player to win a Grand Slam singles title when she beat defending champion Francesca Schiavone in the French Open final on Saturday.

Jun 6, 2011

チェック！

- □**make history**　歴史的な快挙を達成する
- □**beat** [bíːt]　（相手を）打ち負かす、破る
- □**defending champion**　前回優勝者

対訳

「テニス全仏オープン、中国の李娜が女子シングルス優勝」

李娜が土曜日、全仏オープンの決勝戦で前年覇者のフランチェスカ・スキアボーネを破り、中国のみならずアジアで最初のテニス四大大会シングルス覇者として歴史的快挙を達成した。

2011年6月6日

訳出のポイント

- make history は文字通り「歴史を作る」。つまり、「歴史的な偉業を成し遂げる」「歴史に残ることをする」という表現です。
- grand slam「グランドスラム」はスポーツで「全種目優勝」などの意。野球では「満塁ホームラン」を意味します。テニスでは、Grand Slam はもともと世界四大大会（全豪オープン、全仏オープン、ウインブルドン、全米オープン）を1年のうちにすべて制覇することを指し、一般的には「年間グランドスラム」と呼びますが、四大大会それぞれのことも Grand Slam といいます。今日の記事では、プロテニスの「世界四大大会」の意味で使われています。したがって、to win a Grand Slam singles title で「四大大会のシングルスで優勝する」ということです。文の前半 Li Na made history as not only the first Chinese but also the first Asian tennis player to win a Grand Slam singles title を直訳すると…「李娜は、世界四大大会のシングルスで優勝した最初の中国人のみならず最初のアジア人選手として、歴史的な快挙を達成した」。これでは、わかりづらいので、対訳では「李娜は中国のみならずアジアで最初のテニス四大大会シングルス覇者として歴史的快挙を達成した」としています。
- 動詞 defend は「守る」「防衛する」。そこで defending champion の直訳は「防衛する優勝者」。つまり、前回優勝したタイトルを“防衛する”人の意味です。

Chinese Teen Boy Sells Own Kidney for iPad 2

A 17-year-old high school boy in China was so desperate to get his hands on Apple's latest gadget iPad 2 that he sold one of his kidneys for 22,000 yuan ($3,300), Shenzhen TV reported. Jun 10, 2011

チェック！

□**kidney** [kídni]　腎臓

□**desperate**（**to do**）　〜したくてたまらない

□**get one's hands on**　手に入れる、自分の物にする

□**gadget** [gǽdʒit]　装置、道具、ガジェット

対 訳

「中国、10 代少年が腎臓を売って iPad 2」

中国で 17 歳の男子高校生が、アップルの最新ガジェット iPad 2 欲しさに、片方の腎臓を 2 万 2000 元（3300 ドル＝約 27 万円）で売ってしまった、と深圳テレビが伝えた。

2011年 6 月10日

訳出のポイント

- desperate は「絶望的な」「（回復などの）見込みがない」という形容詞ですが、desperate for 〜で「〜が（絶望的に）欲しい」→「〜が欲しくてたまらない」という意味になります。例えば I am desperate for cash.「現金が欲しくてたまらない」→「現金がどうしても必要だ」となります。また、後ろに動詞をもってきて、desperate to V だと「〜したくてたまらない」という表現です。
- get one's hands on 〜は直訳すると「〜に手を置く状態にする」→「〜を入手する」「〜を自分のものにする」という表現です。そこで、desperate to get his hands on 〜で「〜を手に入れたくてたまらない」。さらに、今日の文では so 〜 that…「あまりに〜なので…」という構文が組み合わされている点にも注意しましょう。したがって…was so desperate to get his hands on Apple's latest gadget iPad 2 that he sold one of his kidneys…の部分は「アップルの最新ガジェット iPad2 があまりにも欲しかったので腎臓の片方を売った」→「アップルの最新ガジェット iPad2 欲しさに、片方の腎臓を売ってしまった」ということ。ちなみに最近では日本語でも「ガジェット」といいますが、gadget はちょっとした便利な、あるいは気のきいた「器具」「道具」「装置」「機械」を指す語です。
- 中国の男子高校生（17 歳）が、米アップル社のタブレット型多機能端末「iPad（アイパッド）2」欲しさに、自分の腎臓を臓器ブローカーに売っていたというニュースです。

IMF Hit by Major Cyber Attack

The International Monetary Fund, the intergovernmental body that oversees the global financial system, has become the latest target of a major and sophisticated cyber attack. Jun 13, 2011

チェック！

□**IMF（International Monetary Fund）** 国際通貨基金

□**intergovernmental body** 政府間機関

□**oversee** [òuvərsíː] 監視する

□**sophisticated** [səfístikèitid] 高度な

対訳

「IMF に大規模サイバー攻撃」

世界的な金融システムを監視する政府間機関である国際通貨基金（IMF）が、大規模で高度なサイバー攻撃の最新の標的となった。 2011年6月13日

訳出のポイント

- cyber は「コンピュータに関係した」「サイバースペースの」という形容詞。cyber attack「サイバー攻撃」とは、インターネット経由で他のコンピュータやネットワークシステムに不正アクセスを行い、相手の国家・機関・企業などにダメージを与えようとする行動のこと。また、政治的・社会的な動機に基づき、社会に混乱をもたらしたり、国家の安全保障を脅かしたりすることを目的とするものは、cyber terrorism「サイバーテロ」とも呼ばれます。
- inter- は「～の間」「～の中で」という接頭辞です。例えば、おなじみの形容詞 international は、inter- ＋ national（国家の）→「国家間の」→「国際的な」ということです。そこで intergovernmental は「政府間の」。また、body は「体」「身体」などの意味でよく知られる名詞ですが、今日の場合は、集合的に「団体」「組織」「機関」を表す用法になっています。したがって intergovernmental body で「政府間機関」。つまり、複数の政府（国家）を構成員とし、条約によって設立されている機関を意味します。
- oversee は over-（上から）＋ see（見る）という成り立ちの動詞で、「～を監視する」「～を監督する」の意。したがって、oversee the global financial system で「世界的な金融システムを監視する」となります。
- 動詞 sophisticate は、人について「世慣れさせる」「洗練させる」、機械・装置・技術などについて「複雑化する」「高度化する」という意味になります。

Vietnam Begins Naval Drills in South China Sea

Vietnam began live-fire naval drills in the South China Sea on Monday amid high tensions with China over disputed waters. Jun 14, 2011

チェック！

☐**naval drills**　海軍演習

☐**South China Sea**　南シナ海

☐**live-fire** [lív fáiə*r*]　実射、実弾発射

☐**disputed waters**　係争水域

対訳

「ベトナム、南シナ海で海軍演習開始」

係争水域をめぐって中国との間の緊張が高まる中、ベトナムは月曜日、南シナ海で海軍の実射演習を開始した。

2011年6月14日

訳出のポイント

- naval は navy「海軍」の形容詞形で「海軍の」。drill は穴をあける「ドリル」「きり」の意味もありますが、軍事用語で「演習」「教練」「練兵」。ここから一般的に集団的な「訓練」「練習」という語でもあります。そこで、naval drills で「海軍演習」。また、live-fire は「実弾発射」「実射」の意なので、live-fire naval drills だと「海軍の実射演習」ということです。
- tension は「緊張」。tensions with ～で「～との緊張（関係）」になります。amid high tensions with China なので「中国との（間の）高い緊張の中で」→「中国との間の緊張が高まる中で」ということです。
- dispute はもともと「論議する」「討論する」という動詞。ここから、「反論する」「異議を唱える」あるいは「競う」「争う」といった意味にもなります。そして、この過去分詞が形容詞化した disputed は「争われている」「紛争中の」「係争中の」という意味。disputed country だと「紛争国」、disputed border だと「係争中の国境」になります。今日の場合は、disputed waters で「係争水域」です。
- ベトナムと中国の間では、南シナ海の南沙諸島 Spratly Islands 周辺海域の領海権をめぐり、対立が長く続いています。5月に中国の監視船がこの領海でベトナムの原油探査船を妨害したとして、ベトナムでは反中デモが発生するなど、ここのところ両国間の緊張が高まっています。そんな中、ベトナム海軍が実射演習を開始したというニュースでした。

Hayabusa Gets Guinness Recognition

Japan's Hayabusa space probe has been officially recognized in the Guinness World Records as the world's first spacecraft to return to Earth with material collected from an asteroid, JAXA, the Japan Aerospace Exploration Agency said Monday. Jun 15, 2011

チェック！

- □**recognition** [rèkəgníʃən] 認定
- □**space probe** 宇宙探査機
- □**material** [mətíəriəl] 物質
- □**asteroid** [ǽstərɔ̀id] 小惑星

対訳

「『はやぶさ』にギネス認定」

日本の『はやぶさ』が、世界で初めて小惑星から物質を持ち帰った宇宙探査機として、ギネス世界記録に正式に認定された。宇宙航空研究開発機構（JAXA）が月曜日に伝えた。
2011年6月15日

訳出のポイント

- 動詞 recognize は「認める」「承認する」という動詞。タイトルの recognition はこの名詞形で「認めること」→「承認」「認定」の意味になります。つまり Guinness recognition で「ギネス（による）認定」、get Guinness recognition で「ギネスの認定を得る」ということです。また、本文の方では officially recognize「正式に認定する」が受動態で登場していて、be officially recognized「正式に認定された」となっています。
- return to Earth は「地球に戻る」→「地球に帰還する」という表現。また、動詞 collect は、日本語で「コレクションする」というように「集める」「収集する」の意味でよく知られる動詞です。ただし、分析などを目的にサンプルや標本を「採取する」の意でも使われるので注意しましょう。そこで to return to Earth with material collected from an asteroid の部分を直訳すると「小惑星から採取した物質とともに地球に帰還する」。これを対訳では、シンプルかつわかりやすい日本語として「小惑星から物質を持ち帰る」と訳しています。
- 小惑星イトカワから表面の岩石の微粒子を採取し、2010年6月13日に地球に帰還した宇宙探査機『はやぶさ』。帰還1周年のこの日、JAXA は『はやぶさ』が5月23日付けでギネス世界記録に認定されていたことを発表しました。2003年5月に打ち上げられた『はやぶさ』は、通信途絶など致命的なトラブルを幾度となく克服し、ちょうど1年前に地球に帰還した。

Ryo Ishikawa Makes the Cut at U.S. Open

19-year-old Japanese Ryo Ishikawa managed a 1-under-par 70 on Friday, securing his spot in the final rounds at the U.S. Open for the second year in a row.

Jun 20, 2011

チェック！

- □**make the cut**　予選を通過する
- □**manage** [mǽnidʒ]　（なんとか）成し遂げる
- □**secure one's spot**　場所を確保する
- □**for the second year in a row**　2年連続で

対訳

「全米オープン、石川遼が予選突破」

19歳の日本人、石川遼選手は金曜日、なんとか1アンダーの70で回り、2年連続で全米オープン決勝ラウンド進出を決めた。
2011年6月20日

訳出のポイント

- make the cut はゴルフ用語で「予選を通過する」「決勝ラウンドへ進出する」。重要基本動詞 manage には色々な意味がありますが、今日の場合は「なんとかやり遂げる」です。そこで、managed a 1-under-par 70 で「なんとか1アンダーの70をやり遂げた」→「なんとか1アンダーの70で回った」ということ。
- secure は「不安のない」「安心な」「安全な」という形容詞でもありますが、ここでは動詞として登場しています。動詞 secure は「～を確保する」「～を手に入れる」の意なので、secure one's spot で「場所（位置）を確保する」。そこで secure his spot in the final rounds の部分を直訳すると「決勝ラウンドでの場所を確保する」→「決勝ラウンドへの進出を決める」ということです。
- row は名詞で「列」。in a row で「列になって」「並んで」という表現で、ここから「連続して」「続けて」という意味にもなります。for the_year in a row で「__年連続して」「__年連続で」という頻出表現なので、しっかり確認をしましょう。また、_の部分には second、third、fifth のように序数が来ることにも注意してください。
- 今日の場合は for the second year in a row なので、「2年連続で」ということです。全米オープン初日は62位と、ややスローなスタートを切った石川遼選手ですが、2日目を終えて33位で予選通過を確定したというニュース。2010年に続いて2年連続の決勝ラウンド進出です。

Lady Gaga Sued over Japan Earthquake Charity Wristbands

Pop superstar Lady Gaga, who is currently visiting Japan, has been sued over sales of her charity wristbands for earthquake relief in a class action which claims that not all the proceeds went to the victims despite her initial promise. Jun 29, 2011

チェック！

- □ **(be) sued over** 〜に関して提訴される
- □ **class action** 集団訴訟
- □ **proceeds** [próusi:dz] 収益、利益
- □ **initial promise** 当初の約束→当初の呼びかけ

対訳

「レディー・ガガ、日本の震災チャリティー・リストバンドで提訴される」

現在日本訪問中のポップ界のスーパースター、レディー・ガガが、震災被災者救援のためのチャリティー・リストバンドの売上をめぐって提訴された。この集団訴訟では、レディー・ガガの当初の呼びかけに反して、収益の全額が被災者に渡っていないとしている。　2011年6月29日

訳出のポイント

- 来日中のレディー・ガガが3月の東日本大震災後に被災者支援のために企画・販売したチャリティー・リストバンドをめぐり提訴されたというニュースです。
- sue は「訴える」「訴訟を起こす」という動詞。通常 sue A over B で「B をめぐって A を訴える」という形で用いられます。今日の場合は、これが受動態になっていて、be sued over 〜で「〜をめぐって訴えられる」「〜に関して提訴される」ということです。
- class は日本語の「クラス」の元となった語で「組」「(集団での）授業」などの意味でおなじみだと思います。ここでは class action で「集団の（法的）行動」→「集団訴訟」。利害を共有する複数の者を代表して行われる「集団訴訟」を意味する、米国の法律用語となっています。
- promise は「約束」「契約」という名詞。initial promise で「当初の約束」です。したがって、despite her initial promise を直訳すると「当初の彼女（レディー・ガガ）の約束にもかかわらず」。つまり、「チャリティー・リストバンド販売当初に“収益のすべてを被災者への義援金として寄付する”という“約束（＝呼びかけ)”をしたのにもかかわらず」ということです。
- proceed は「進む」「開始する」などの動詞としてよく使われますが、ここでは名詞として登場しています。

チャレンジコラム③

リスニング力を伸ばすには？（3）

さて、前回のコラムではシャドーイングとオーバーラッピングについて書きましたが、身の回りに英語の文章とそれをネイティブが発音するような教材がない、という人もいるかと思います。そこで便利なのは英語読み上げソフトです。
「英語読み上げソフト」で検索をしていただくといろいろなソフトが紹介されていることでしょう。一番簡単でオンラインですぐに聞けてしまうのが、「Yahoo! 学習」の「英文を聴こう」です。

http://stepup.yahoo.co.jp/english/listening/

半角英数字1000文字までの英文をコピーペーストして、再生ボタンを押すと勝手に読み上げてくれます。やや機械的ではあるけれど、正しい単語の発音、アクセントを身につけることができます。
またマッキントッシュを使っている人は、英語の読み上げソフトがついている場合があります。サファリというブラウザを立ち上げ、USA Today、The New York Timesなどの英字新聞サイトに行き、読み上げをしたい英文を選択して、「右クリック」→「スピーチ」→「読み上げを開始」とするだけで、英文を読み上げてくれます。先述のヤフーよりもより自然な感じです。ぜひトライしてみてください。

July,2011

2011 年 7 月

- AP to Open News Bureau in North Korea （Jul 1, 国際）
- Japanese Power-Saving Plan Kicks in （Jul 4, 社会）
- Japan Finds Rare Earth Deposits in Pacific Seabed（Jul 5, 社会）
- Japan Reconstruction Minister Quits （Jul 6, 政治）
- World's First Synthetic Windpipe Transplant Carried out（Jul 15, 社会）
- Japan Beat U.S. to win Women's World Cup（Jul 20, スポーツ）
- Apple Makes Record Profit （Jul 21, 経済）
- New York Holds Gay Marriage Lottery （Jul 22, 国際）
- China Fires Top Officials after Railway Crash（Jul 27, 国際）
- Tickets for London 2012 Olympic Ceremonies Sold Out（Jul 29, スポーツ）

AP to Open News Bureau in North Korea

The Associated Press and the North Korea's state Central News Agency announced that they have signed a series of agreements including one for the opening of "the first permanent text and photo bureau operated by a Western news agency in the North Korean capital".

Jul 1, 2011

チェック!

☐**news bureau**　報道局

☐**the Associated Press**　AP 通信

☐**sign a series of agreements**　一連の合意書を交わす

☐**permanent** [pə́ːrmənənt]　常設の

対 訳

「AP 通信、北朝鮮で報道局開設へ」

AP 通信と北朝鮮の国営朝鮮中央通信が、一連の合意書を交わしたことを発表した。その合意には、『北朝鮮の首都では初めてとなる欧米系報道機関運営による、記事と映像を配信する常設報道局』の開設が含まれるという。

2011年 7 月 1 日

訳出のポイント

- bureau の語源は、「テーブル」を意味する古フランス語 burel。ここから「机がある所」→「事務所」という意味の英語になります。主に米国では、官庁などの「局」「部」といった意味に使われています。例えば、かの有名な FBI の正式名は the Federal Bureau of Investigation「〈米国〉連邦捜査局」といった具合です。今日の場合は news bureau で通信社などの「報道局」「(報道) 支局」の意味になっています。state は「国家」という名詞でもあり、「国家の」→「国営の」という形容詞にもなります。そこで state news agency だと「国営通信社」となります。ここでは state Central News Agency で (北朝鮮の) 国営の中央通信社ということです。
- sign an agreement は直訳すると「合意書に署名する」で、「合意書 (契約) を交わす」という言い方。そして a series of ～が「一連の～」という表現なので、signed a series of agreements で「一連の合意書を交わした」となります。
- including one for the opening of…の部分ですが、one は a series of agreements のうちの「ひとつ」という意味なので、「…の開設に関するもの (＝合意書) を含む、一連の合意書を交わした」ということです。text and photo bureau は直訳すると「文章と写真の報道局」。つまり、「記事と映像の両方を配信する報道局」ということです。

Japanese Power-Saving Plan Kicks in

The Japanese government started restricting electricity consumption by large businesses in eastern and northeastern Japan, including the capital Tokyo, to avert power shortages due to the Fukushima nuclear disaster.

Jul 4, 2011

チェック！

☐**power-saving plan**　節電計画

☐**kick in**　始動する

☐**restrict electricity consumption**　電力消費を制限する

☐**avert power shortages**　電力不足を回避する

対訳

「日本、節電計画が始動」

日本政府は、福島原発事故に起因する電力不足を回避するため、首都東京を含む東日本・東北日本で、大企業を対象に電力消費の制限を開始した。　2011年7月4日

訳出のポイント

- save という動詞は、「救う」「助ける」、あるいは「貯金する」など、様々な意味で使われる重要基本動詞のひとつです。最近ではコンピュータ用語として、データなどを「セーブする」「保存する」の意味でもよく用いられますね。今日はもうひとつ、重要な使い方を確認しておきましょう。それは「節約する」「省く」です。save cost「経費を節約する」や save energy「エネルギーを節約する」→「省エネする」という具合に用います。そこで、今日のタイトルの power-saving は、save power「電力を節約する」→「節電する」から派生した言い方で、「電力を節約する」→「節電の」。power-saving plan で「節電計画」ということです。
- consumption は「消費する」という動詞 consume の名詞形で「消費」。electricity consumption で「電力消費」です。
- avert の語源は、「向きを変える」「回転する」というラテン語の avertere。ここから、事故や危険など（通常ネガティブなこと）を「避ける」「防ぐ」という意味で使われる動詞となっています。ここでは avert power shortages で「電力不足を回避する」ということ。
- 7月1日に日本政府による電力使用制限令が発動されました。1974年の第1次石油危機時以来、37年ぶりのことです。最大使用電力の昨年比15%削減が義務づけらる大企業や工場を中心に、始業・終業時間を早める“サマータイム”や休日シフト制など、本格的な節電策がスタートしています。

Japan Finds Rare Earth Deposits in Pacific Seabed

Japanese researchers have discovered vast deposits of rare earth minerals, which are used in many hi-tech products, in the deep seabed of the Pacific Ocean.

Jul 5, 2011

チェック！

☐**rare earth（minerals）deposits**　レアアース（希土類）鉱床

☐**Pacific（Ocean）**　太平洋

☐**（deep）seabed**　深海底

☐**hi-tech products**　ハイテク製品

対訳

「日本、太平洋海底でレアアース鉱床を発見」

日本の研究者らが、多くのハイテク製品に使われるレアアースの大鉱床を、太平洋の深海底に発見した。

2011年7月5日

訳出のポイント

- deposit には色々な意味がありますが、地質・化学用語として泥などが「積もる」「堆積する」「沈殿する」という意味になります。ここから、「堆積物」「沈殿物」さらに、鉱物・石油などの「埋蔵物（量）」や「鉱床」という名詞としても使われます。そこで rare earth（minerals）deposit で「レアアースの鉱床」ということです。vast は「広大な」「巨大な」あるいは「膨大な」という形容詞。したがって vast deposits of rare earth minerals で「レアアースの大鉱床」となります。
- すっかり日本語になっている「ハイテク」hi-tech は high technology の略。high-tech と記す場合もあるので、注意しましょう。
- bed は「ベッド」「寝台」という名詞としておなじみですが、地学では bottom「底」の意味で広く用いられます。つまり、「川底」「湖底」「海底」の意味です。ここでは seabed で「海底」、deep seabed で「深海底」ということです。
- レアアースとは、ネオジムやジスプロシウムなどランタノイド系列（希土類）の15元素にスカンジウム、イットリウムを加えた17の「化学元素」chemical element の総称。ハイテク素材に少量添加すると性能が飛躍的に向上するため、"産業のビタミン"とも呼ばれているそうです。レアアースの代表格は永久磁石として最強の「ネオジム磁石」。電気自動車のモーターやコンピュータのハードディスク生産には不可欠ですし、燃料電池や超電導素材、原子炉の制御棒にも使われています。

Japan Reconstruction Minister Quits

Japan's embattled Prime Minister Naoto Kan took another blow when his Disaster Reconstruction Minister Ryu Matsumoto resigned on Tuesday after 9 days on the job over criticism for insensitive remarks to governors of tsunami-hit prefectures.

Jul 6, 2011

チェック！

□（**Disaster**）**Reconstruction Minister**　（震災）復興担当大臣

□**embattled** [embǽtld]　追い詰められた→四面楚歌の

□**take another blow**　また新たな打撃を受ける

□**criticism** [krítəsìzm]　批判

□**insensitive remark**　無神経な発言

対訳

「日本、復興相が辞任」

津波被害を受けた県の知事らに対して無神経な発言をし、批判を受けていた日本の松本龍震災復興担当大臣が火曜日、就任から9日で辞任した。四面楚歌状態の菅直人首相にとっては、また新たな打撃である。　2011年7月6日

訳出のポイント

- embattled はもともと「敵に包囲された」という形容詞。ここから「追い詰められた」「たくさんの問題を抱えた」あるいは「四面楚歌の」といったニュアンスで使われる語となっています。
- blow は、こぶし・平手・こん棒などによる「強打」「一撃」という名詞です。そして、比喩的に物理的あるいは精神的な「打撃」「ショック」という意味でしばしば用いられます。take a blow で「打撃を受ける」という表現ですが、ここではその応用で take another blow「また新しい打撃を受ける」「さらに打撃を受ける」という形で登場しています。
- on the job は「仕事中に」「現場に（で）」という言い方。ここでは、復興担当大臣という職なので、「就任から9日後に」ということです。resign は「辞任する」という英字新聞頻出の重要動詞ですが、resign over ～で「～で辞任する」という理由を説明する形になります。
- 「繊細な」「神経質な」あるいは「思いやりのある」という意味の形容詞 sensitive の前に否定の接頭辞 in- がついた insensitive は「無神経な」「思いやりのない」。insensitive remark で「無神経な発言」「思いやりのないコメント」といった意味になっています。
- 今日は、復興担当大臣として初の被災地訪問という大切な場面で舌禍を起こし、被災地や野党からの猛反発を招いた松本復興相辞任のニュースです。四面楚歌状態の菅内閣が最重要課題に掲げているのは東日本大震災対策。

World's First Synthetic Windpipe Transplant Carried out

An international team of surgeons in Sweden have successfully carried out the world's first artificial windpipe transplant, which was created with plastic material and nanotechnology, then coated in stem cells from the patient.

Jul 15, 2011

チェック！

- □**synthetic（artificial）windpipe**　人工気管
- □**transplant** [trænsplǽnt]　移植
- □**surgeon** [sə́:rdʒən]　外科医
- □**carry out**　実施する
- □**coat in**　〜で覆う
- □**stem cell**　幹細胞

対訳

「世界初、人工気管移植」

スウェーデンで国際外科チームが、人工気管の移植に世界で初めて成功した。この人工気管は、プラスチック材料とナノテクノロジーを用いて作られ、その後患者自身の幹細胞で覆ったもの。　2011年７月15日

訳出のポイント

- synthetic は「合成の」「人工の」という形容詞。windpipe は「気管」あるいは日本語の「のど笛」にあたる語です。したがって、今日の記事の synthetic windpipe、artificial windpipe は、ともに「人工気管」になります。
- carry out は「実施する」「実行する」という句動詞。英字新聞でも頻出の重要表現なので、しっかり確認しておきましょう。今日のタイトルでは、World's First Synthetic Windpipe Transplant（Is）Carried out のように be 動詞が省かれています。これも復習になりますが、英字新聞のヘッドラインでは、受動態の be 動詞は省略されるのが一般的。したがって、直訳すると「世界初の人工気管移植が実施される」となります。本文の方では、success「成功」の副詞形である successfully「うまく」「首尾良く」をともなって、successfully carried out という形なので、「うまく実施した」→「成功した」ということです。
- coat は日本語の「コート」の語源。つまり、もともとはスーツなどの上から覆う「上着」「外套」という意味の名詞ですが、ここから「～の表面を覆う」という動詞としても使われます。通常は受動態の be coated in ～あるいは be coated with ～「～に覆われる」「～に包まれる」という形で登場します。今日の場合は、（was）coated in stem cells from the patient なので、「患者（から）の幹細胞で覆われた」となります。

Japan Beat U.S. to win Women's World Cup

Japan beat the United States 3-1 on penalties to become the first Asian nation to win the FIFA Women's World Cup on Sunday, delivering much-needed good news to the country after the tsunami and nuclear disaster hit in March. Jul 20, 2011

チェック！

□**on penalties** 《サッカー》PK戦で

□**deliver good news** 明るいニュース（朗報・吉報）を届ける

□**much-needed** [mʌ́tʃ ní:did] たいへん必要とされる→切望される

対訳

「サッカー女子W杯、米国破り日本が優勝」

日曜日、日本チームはPK戦で米国を3-1で下し、アジアの国としては初めてFIFA女子ワールドカップ優勝を達成。3月に津波および原発事故が発生して以来、切実に求められている明るいニュースを日本国民に届けた。

2011年7月20日

訳出のポイント

- サッカーの試合で、試合の制限時間を終了しても決着がつかない場合に行うPK戦。英語ではpenalty shootoutあるいはpenalty-kick shootoutといいます。PK戦のPKは後者のpenalty-kickの略というわけです。そこで、「PK戦で」という場合、正式にはin a penalty（-kick）shootout。しかし、実際にはon penaltiesと短くいうのが一般的になっています。FIFAという略語も日本でも定着していますが、正式にはFédération Internationale de Football Associationで「国際サッカー連盟」。footballはsoccer「サッカー」と同意語。米国ではsoccerですが、英国系では圧倒的にfootballが使われます。
- 「〜が必要である」という動詞needの過去分詞が形容詞化したneededは「必要とされる」。今日の場合は、このneededの前に「たいへん〜な」「非常に〜」という意味の連結形容詞を作るmuch-がついたもので、「たいへん必要とされる」→「切望される」「たいへん求められる」といった意味になっています。そこでdeliver much-needed good newsで「切実に求められている明るいニュースを届ける」ということです。the countryというと「その国」ということですが、同時に「その国の国民」という意味にも使われる表現です。そこで、ここではdeliver much-needed good news to the countryで「切望されている明るいニュースをその国（＝日本）の国民に届ける」とするのが適切でしょう。

Apple Makes Record Profit

Apple posted record profit on Tuesday with the net income of $7.31bn in the third quarter, up 125% from the same period a year ago. Jul 21, 2011

チェック！

- □record profit　記録的な利益→過去最高の利益
- □net income　純利益
- □third quarter　第3四半期→4-6月期

対訳

「アップル、過去最高の利益」

アップルは火曜日、第3四半期（4–6月期）の純利益が前年同期比125％増の73億1000万ドルという過去最高益を発表した。　2011年7月21日

訳出のポイント

- record は「記録」という名詞であると同時に、「記録的な」という形容詞としても頻出の語。record profit で「記録的な利益」→「過去最高の利益」です。また、make a profit が「利益を上げる」という言い方なので、タイトルの make record profit は「過去最高の利益を上げる」になります。同様に本文では「公表する」という動詞 post を用いて、post record profit で「過去最高の利益を計上する」「過去最高益を発表する」となっています。
- もともと「4分の1」という意の quarter は、“4つに分かれるもののひとつ” を指して広く使われる語です。ここでは、1年を4つに分けた「四半期」「3ヶ月」のことを指していて、third quarter は「3番目の四半期」→「第3四半期」ということです。日本語では、どちらかというと「1–3月期」「4–6月期」という言い方が一般的なので、対訳ではこちらも併記する形にしています。
- 文末の up 125% from the same period a year ago の部分は直訳すると「1年前の同じ時期から125％上昇」。つまり、「前年同期比で125％上昇」ということです。
- 今日はアップルが記録的な好業績を発表したというニュース。売上高が前年82％増、純利益はなんと2010年の125％増、つまり利益が前年の1.25倍に増えたということです。アナリストたちの予想を遙かに上回ったアップルの好業績は、「看板製品」signature products である iPhone や iPad の予想以上の売上に支えられたもの。

New York Holds Gay Marriage Lottery

With overwhelming numbers of marriage applications, New York City is conducting a lottery to decide which couples will be allowed to marry on Sunday, the first day same-sex couples can wed under a new law. Jul 22, 2011

チェック！

- □**gay marriage**　同性婚
- □**overwhelming** [òuvə*rh*wélmiŋ]　圧倒的な
- □**marriage application**　結婚申請
- □**conduct a lottery**　抽選を行う
- □**under a new law**　新しい法律の下で

対訳

「NY市、同性婚で抽選実施」

ニューヨーク市は圧倒的な数の結婚申請に対応して、新法の下で同性婚が許される初日の日曜日に挙式するカップルを決めるための抽選を行っている。　　　2011年7月22日

訳出のポイント

- lottery は「抽選」。日本語の「くじ引き」「宝くじ」などにあたる語でもあります。hold a lottery あるいは conduct a lottery で「抽選を行う」という言い方になります。
- gay marriage は「同性婚」。same-sex marriage という言い方もされるので、あわせて確認しておきましょう。
- allow は「許す」「許可する」という動詞。通常 allow 人 to V「人がVするのを許可する」という形で登場します。a lottery to decide which couples will be allowed to marry on Sunday の部分では、この形が受動態で登場しています。つまり、直訳すると「どのカップルが日曜日に結婚するのを許されるかを決定する抽選」。これを自然な日本語で意訳すると、対訳の「日曜日に挙式するカップルを決める抽選」になります。文末の the first day same-sex couples can wed under a new law は直前の Sunday「日曜日」を言い換えていますが、そのまま訳すと「新法の下で同性カップルが結婚できる最初の日」、すなわち「新法の下で同性婚が許される初日」ということです。
- 同性婚合法化を24日に控えたNY市では、当日に挙式を希望するカップルの数がすでに市役所職員が対応できる範囲を超えていることから、抽選を行うことにしたというニュース。

China Fires Top Officials after Railway Crash

China sacked three senior railway officials Sunday, a day after a collision between two high-speed trains killed at least 35 people in Zhejiang province.

Jul 27, 2011

チェック!

- □**fire**（= **sack**）[fáiər]　解雇する→更迭する
- □**top**（**senior**）**official**　幹部、高官
- □**collision**（= **crash**）[kəlíʒən]　衝突
- □**high-speed train**　高速鉄道列車
- □**Zhejiang province**　浙江省

対訳

「中国、鉄道事故を受け当局幹部を更迭」

中国は日曜日、前日に浙江省で発生した2台の高速鉄道列車衝突事故で、少なくとも35人が死亡したのを受けて、鉄道当局の幹部3人を更迭処分とした。　2011年7月27日

訳出のポイント

- 「火」「炎」という意味の名詞としてよく知られるfire。動詞としても「火をつける」「(感情などを) 燃え立たせる」など、色々な意味で使われます。今日のタイトルでは「(人を) 解雇する」「くびにする」の意。同様に本文で登場しているsackも、会話では「くびにする」という意味でよく使われる動詞となっています。どちらの場合も、今日の記事でくびになったのは政府高官なので、対訳では「解雇する」→「更迭する」と訳しています。
- officialというと「公の」「公式な」「正式な」という形容詞としてよく知られていますが、英字新聞では名詞としてのofficialも重要頻出語です。意味としては「公の人」→「公務員」「役人」。とくに省名などと一緒に用いると「政府高官」「当局者」といった意味になります。ここではtop officialsあるいはsenior railway officialsのように、「上級の」「高位の」という形容詞がついていて、日本語の「幹部」というニュアンスになっています。
- high-speed trainは文字通り「高速 (鉄道) 列車」。世界の高速鉄道の代表は、なんと言っても日本の「新幹線」ですね。英語でもthe Sinkansenで通じます。また、日本語の「弾丸列車」に当たるbullet trainという言い方もよく使われるので、あわせて確認しておきましょう。
- 23日に起きた中国高速鉄道衝突事故では、これまでに死者35人、負傷者210人以上と発表されています。ただし、中国のネット上では鉄道建設の際に安全性よりもスピードを重視した問題や、汚職がらみの手抜き工事疑惑などから、「これは人災だ！」と糾弾する声が。

Tickets for London 2012 Olympic Ceremonies Sold Out

Both the opening and closing ceremonies, which are the main attractions, were quickly declared to be sold out. Preliminary examinations showed that over 20 million tickets had been applied for, however there were only 6.6 million available altogether.

Jul 29, 2011

チェック！

- □**main attraction**　目玉
- □**quickly** [kwíkli]　すぐに
- □**apply for**　〜に申し込む
- □**available** [əvéiləbl]　入手可能な

対訳

「2012年ロンドン・オリンピック式典のチケットが売り切れ」

オリンピックの目玉である開会式と閉会式のチケットがあっという間に売り切れてしまったことが発表された。調べたところでは、2000万枚以上の応募があったが、用意されていたチケットは全部でわずか660万枚であった。

2011年7月29日

訳出のポイント

- タイトルで、Olympic ceremonies と ceremony が複数形になっています。本文にもありますが、オリンピックの式典には開会式と閉会式があり、その両方のチケットが売り切れてしまったということがわかります。
- declare は、「宣言する」「発表する」という英字新聞でも頻出の動詞です。preliminary は「予備の」「仮の」という形容詞。preliminary examination で「予備テスト」「予備調査」という意味ですが、そこまで厳密な調査というわけではなく、大まかなものを意味しますので、ここでは、「調べたところ」とシンプルに訳しています。
- apply for は「～に申し込む」という基本熟語。パスポートなどを「申請する」という場合にも用いられます。
- available は「入手可能な」という意味の形容詞です。そのほかにも「有効な」「手の空いている」「（アパートなどが）開いている」など様々な意味を持つ便利な単語です。本日の場合、only 6.6 million available altogether とありますので、「入手可能な（チケットは）全部でわずか660万枚」⇒「用意されていた（チケットは）全部でわずか660万枚」となります。
- 開幕まで1年を切ったロンドン・オリンピック。27日にトラファルガー広場で行われた祝賀イベントには、アン王女やキャメロン首相も参加し、ロンドン市民約5000人が集まったそうです。

チャレンジコラム④

早起きのすすめ

「早起きは3億の得」（祥伝社）という本を2011年に出版しました私は、朝、起きるのがすごく早いです。毎朝4時、遅くとも5時には起きています。そして朝食前の2～3時間にやるべき仕事をこなすのです。朝の時間は脳がリフレッシュしていて仕事に集中するには最高です。そしてこの時間こそ英語学習には最高の時間です。

というのは他の家族がまだ寝ていますので、日本語で話しかけられる心配もないし、日本語で何かを話す必要もない。電話も宅配便も来ません。どっぷりと英語に浸かることができます。

ヨガの世界では朝4時から6時の2時間が一番瞑想に適した時間だと言われています。瞑想をすると脳波がアルファ波になると言われています。脳がアルファ波を出している状態においては精神活動が活発で意識のレベルが高まっています。人が何か好きなことに没頭しているとき、何かに集中しているときはこのアルファ波が出ているといいます。このアルファ波が出ている状態で英語を習得すること。非常にリラックスし、英語に集中できます。

さらにアルファ波が出ている状態にある脳は記憶力がアップするとも言われていますから英単語も不思議と覚えることができます。ぜひ皆さんも早起き英語学習に挑戦してみてください。

August,2011

2011 年 8 月

- Japan Approves Tepco Compensation Aid Plan（Aug 4, 社会）
- Japan Intervenes to Cut Yen （Aug 5, 経済）
- Riots Continue in London and Other British Cities（Aug 10, 国際）
- Apple Surpasses Exxon to Become Most Valuable US Company（Aug 12, 経済）
- Study: 15-minute Everyday Exercise Adds 3 Years to Life（Aug 18, 健康）
- Gadhafi's Regime on the Brink of Collapse（Aug 23, 国際）
- Gold Hits above $1,900 （Aug 24, 経済）
- Apple's Steve Jobs Resigns as CEO （Aug 26, 国際）
- New York Braces for Arrival of Hurricane Irene（Aug 29, 国際）
- Finance Minister Noda Chosen as Japan's Next PM（Aug 30, 政治）

Japan Approves Tepco Compensation Aid Plan

Japan's Upper House passed a law on Wednesday to create a state-backed body that will help Tokyo Electric Power Company compensate victims of the Fukushima nuclear disaster. Aug 4, 2011

チェック！

- □ **compensation** [kàmpənséiʃən] 賠償
- □ **aid plan** 支援策
- □ **Upper House** 参議院
- □ **state-backed body** 政府が支援する機構

対訳

「日本、東電賠償の支援策を承認」

日本の参議院は水曜日、東京電力の福島原発事故被災者に対する賠償の援助を目的として、政府が支援する機構を設立する法律を可決した。 2011年8月4日

訳出のポイント

- タイトル中の compensation は、本文で使われている「補償する」「賠償する」という動詞 compensate の名詞形で「補償」「賠償」。compensation aid plan で「賠償支援策」ということです。
- Upper House は「参議院」。ただし、正式には House of Councillors というので、こちらもあわせて確認しましょう。さらに、対語である「衆議院」Lower House, House of Representatives もまとめておぼえておくといいですね。
- 動詞 pass は「通る」「合格する」などの意味で頻出ですが、英字新聞では議案などを「可決する」の意でもしばしば登場します。そこで pass a law で「法律を可決する」ということです。
- victim は「犠牲者」という名詞。ただし、日本語にする場合には、文脈によって「被害者」であったり、「被災者」であったりするので、注意したい単語です。今日の記事は福島原発事故の話題ですから「被災者」が適切でしょう。
- 東電の福島第一原発事故の賠償を進めるための原子力損害賠償支援機構法が参院本会議で可決されたニュースです。これは、原発を持つ電力会社など計11社の原子力事業者の出資による支援機構が、被災者の賠償にあたる東電の資金繰りを支援する仕組み。日本政府は2兆円分の交付国債を発行して、機構の運営を支えることになっており、記事では、これを指して state-backed body「国（＝政府）が支援する機構」といっているわけです。

Japan Intervenes to Cut Yen

The Japanese government intervened in the foreign exchange market on Thursday, and its central bank eased monetary policy to weaken the yen to protect economic recovery. Aug 5, 2011

チェック！

□**intervene in the foreign exchange market** 為替市場へ介入する

□**ease monetary policy** 金融緩和策を打ち出す

□**economic recovery** 景気回復、経済復興

対訳

「日本、円高緩和へ介入」

円高を緩和し、経済回復を保護するため、木曜日、日本政府は為替市場へ介入し、日銀は金融緩和策を打ち出した。

2011年8月5日

訳出のポイント

- intervene は、inter-（～の間に）＋ -vene（来る）という成り立ちの動詞。つまり「～の間に入ってくる」→「～に干渉する」「～に立ち入る」「～に介入する」という意味です。今日の場合は、intervene in the foreign exchange market で「為替市場へ介入する」という言い方になっています。
- タイトルの cut（the）yen は直訳すると「円を削減する」で、すなわち「円を下げる」→「円高を緩和する」という意味です。これは、本文の後半部分で使われている weaken the yen も同じで、こちらは文字通り訳すと「円を弱める」→「円高を緩和する」となります。
- central bank は「中央銀行」。今日の記事では、its central bank の its は文頭の the Japanese government を受けているので、「日本の中央銀行」すなわち「日銀（＝日本銀行）」のことを指します。
- monetary policy は「金融政策」「通貨政策」。ease はおなじみの形容詞 easy の動詞形で「弱める」「和らげる」。そこで、ease monetary policy で「金融政策を和らげる」→「金融緩和策を取る」となります。
- 今日は、政府の円売り介入と歩調を合わせて、日銀が追加金融緩和に踏み切ったニュース。東日本大震災から約5ヶ月、持ち直しつつある日本経済が、円高や米経済の減速によって下振れするのを防ぐことがねらいといえます。

Riots Continue in London and Other British Cities

British Prime Minister David Cameron held emergency cabinet meetings on Tuesday after three nights of violence, as lootings and arson by rioting youths have spread across London and spilled over into other cities.

Aug 10, 2011

チェック！

- □**riot** [ráiət]　暴動
- □**emergency cabinet meeting**　緊急閣議
- □**looting** [lúːtiŋ]　略奪
- □**arson** [ɑ́ːrsn]　放火
- □**spill over**　飛び火する

対訳

「ロンドン、その他の英国都市で暴動続く」

暴徒と化した若者による略奪や放火がロンドン各地に広がり、その他の都市にも飛び火する中、3夜続けての暴動から明けた火曜日、デビッド・キャメロン英首相は緊急閣議を招集した。

2011年8月10日

訳出のポイント

- riot「暴動」、looting「略奪」、そしてarson「放火」は、英字新聞ではしばしばセットで登場するので、まとめておぼえておくといいかもしれません。riotは「暴動」「騒動」「反乱」という意味の名詞ですが、同時に「暴動を起こす」「暴動に加わる」という動詞でもあります。そこで、本文中のrioting youthsのriotingは、動詞riotの現在分詞が形容詞化したもの。つまり「暴動を起こしている」→「暴徒と化した」で、rioting youthsで「暴徒と化した若者ら」ということです。
- spreadは「広がる」「拡大（拡張）する」という動詞。そこで、spread across Londonで「ロンドン中に広がる」「ロンドン各地に拡大する」。
- 動詞spillは「こぼれる」「あふれる」で、spill overは「こぼれ（あふれ）出る」という句動詞。ここから、spill over（in）to ～で「～へ波及する」「～へ飛び火する」といったニュアンスでも使われる言い方となっています。
- 男性が警察官に射殺された事件がきっかけに始まったロンドンの若者らによる暴動は、ロンドン各地へ拡大するだけでなく、英中部のバーミンガムやリバプールなどその他の都市にも飛び火しています。これら一連の暴動の背景として、リーマンショックから続く厳しい経済状況の中、政府が推し進めている緊縮政策に対する市民の強い不満が、若者を中心に爆発している、との指摘もされています。

Apple Surpasses Exxon to Become Most Valuable US Company

Apple became the most valuable company in the United States on Wednesday, with its market cap of $337 billion overtaking that of oil giant Exxon Mobil.

Aug 12, 2011

チェック！

□**surpass** [səːrpǽs]　～を上回る、～を超える

□**most valuable company**　最も価値が高い会社

→時価総額1位の会社

□**market cap**　株式時価総額

□**overtake** [òuvərtéik]　追い越す

対訳

「アップル、エクソンを抜き全米時価総額首位に」

水曜日にアップルの株式時価総額が3370億ドル（約25兆円）となって石油大手のエクソンモービルを抜き、全米首位となった。
2011年8月12日

訳出のポイント

- surpassはsur-（上を）＋pass（越える）という成り立ちの語で「上に出る」→「〜を上回る」。量・程度・能力などで「〜を上回る」「〜に勝る」「〜を抜く」という意味で使われる動詞です。valuableは（金銭的な）「価値が高い」「高価な」という形容詞。そこで、most valuable companyで「最も価値が高い会社」→「時価総額が1位の会社」ということです。また「時価総額」にあたる英語は、total market valueやcurrent market priceなど色々ありますが、最も一般的なのはmarket capitalizationで、これは株価に発行済みの株式数をかけた値を指します。このmarket capitalizationは、今日の本文のようにmarket capと略されることも多いので確認しておきましょう。
- giantはもともとの意「巨人」から、英字新聞では企業などを指して「大手」の意味で頻出の語。oil giantで「石油大手」ということです。文末overtaking that of oil giant Exxon Mobilのthatはその前に出ているmarket capを言い換えています。つまり、overtaking the market cap of oil giant Exxon Mobil「石油大手のエクソンモービルの時価総額を追い越して」の意になります。
- iPhoneやiPodで向かうところ敵なしのアップル社、10日のニューヨーク株式市場の終わりで株式時価総額3370億ドルとなり、初の全米首位となった話題です。アップルは2010年5月、時価総額でマイクロソフトを抜いて以来全米2位につけていました。一方米石油大手のエクソンモービルは2005年から首位を保っていましたが、今回とうとうアップルが追い越したというわけです。

Study: 15-minute Everyday Exercise Adds 3 Years to Life

As little as 15 minutes of exercise a day reduces one's risk of cancer and boosts life expectancy by three years, a Taiwanese research study suggests.

Aug 18, 2011

チェック！

☐**reduce one's risk of cancer**　ガンの危険性を軽減する

☐**boost life expectancy**　平均余命を延ばす

☐**suggest** [sʌgdʒést]　示唆する

対訳

「研究：毎日15分間の運動で平均余命を3年延ばす効果」

1日わずか15分の運動でガンの危険性が軽減され、平均余命が3年延びることが、台湾の研究で示唆された。

2011年8月18日

訳出のポイント

- as little as ～は「わずか～」「たった～」という言い方。そこで、文頭のas little as 15 minutes of exercise a dayは「1日わずか15分の運動」となります。
- riskは「リスク」「危険性」「恐れ」という名詞。risk of cancerで「ガンの危険性」、つまり「ガンになる危険性」ということです。
- 動詞boostは「～を持ち上げる」「～を引き上げる」「～を押し上げる」。したがって、boost life expectancy by three yearsは「平均余命を3年押し上げる」→「平均余命を3年延ばす」ということです。
- life expectancyは慣習的に「平均寿命」と訳される場合も多々ありますが、用語としては「平均余命」。ある年齢の人があと何年生きられるかという統計的期待値を指します。ちなみに、厳密にいうと「平均寿命」は0歳時の平均余命になります。
- WHO（World Health Organization＝世界保健機関）は18歳から64歳の成人に対し、週に少なくとも150分間の運動を勧めています。つまり、1日あたりにすると20分強の運動ということになります。しかし、米国ではこの目標を達成しているのは成人の3分の1、中国・日本・台湾など東アジア諸国では5分の1未満だそうです。今回、台湾国家衛生研究所研究では、12年間にわたって計40万人以上を追跡調査したところ、週に90分以上運動している人は、していない人たちと比較して、8年後に死亡した比率が14％低くなっていました。

Gadhafi's Regime on the Brink of Collapse

After six months of civil conflict, rebels advanced into the heart of the Libyan capital of Tripoli on Monday, being on the brink of ending Moammar Gadhafi's 42-year rule.

Aug 23, 2011

チェック！

- □**regime** [rəʒíːm]　政権
- □**on the brink of collapse**　崩壊寸前で
- □**civil conflict**　内戦
- □**rebels** [réblz]　反政府軍
- □**advance into**　進軍する

対訳

「カダフィ政権、崩壊寸前」

6ヶ月にわたる内戦を経て、反政府軍は月曜日、リビアの首都トリポリの中心部へと進軍し、42年間続いたムアンマル・カダフィ政権は風前の灯火となっている。

2011年8月23日

訳出のポイント

- regimeはもともと「統治」「管理」という意のフランス語。ここから、「政治制度」「政治形態」「政体」といった意味の名詞になっています。とくに、強圧的あるいは独裁的な「政権」「政府」を指して、どちらかというと否定的なニュアンスを込めて使われる語でもあります。そこで、タイトルのGadhafi's Regimeはリビアの「カダフィ政権」です。
- brinkは、危険な絶壁や崖などの「縁（ふち）」「端（はし）」を意味する名詞。ここから、新しい状態（とくに悪い状態）に入る「瀬戸際」「寸前」という意味にも使われます。(be) on the brink of ～で「～の瀬戸際で」「～寸前で」という言い方です。そしてcollapseが「崩壊」「倒壊」という名詞なので、on the brink of collapseで「崩壊寸前である」の意。
- civilは「市民の」、「民間の」という形容詞ですが、foreignに対する語として「国内の」「内政の」という意味にもなります。そこでcivil conflictは「内紛」「内戦」です。
- rebelは通常複数形revelsで用いられ、自国の政府に対する「反逆者」、権威・権力・支配などに対する「反抗者」「反徒」「反乱軍」といった意味になります。ここではリビアのカダフィ政権に対する「反政府軍」ということです。文末のbeing on the brink of ending Moammar Gadhafi's 42-year ruleの部分は直訳すると「（反政府軍が）42年間のムアンマル・カダフィの支配を終結する寸前である」。

Gold Hits above $1,900

The price of gold reached above $1,900 a troy ounce mark for the first time on Tuesday amid rising demand for traditional safe assets on fears for global economic uncertainty. Aug 24, 2011

チェック！

□**reach above ～ mark**　～の大台を超える
□**troy ounce**　（重量単位）トロイオンス、金衡オンス
□**traditional safe assets**　従来の安全資産
□**economic uncertainty**　経済の不安定性

対訳

「金価格、1900 ドル突破」

世界経済の不安定性への懸念から、従来の安全資産に対する需要が高まる中、火曜日に金価格は、初の1トロイオンス 1900 ドルの大台を超えた。 2011年8月24日

訳出のポイント

- mark は「跡」「印」「記号」など色々な意味で使われる名詞ですが、今日の場合は「到達点」「基準（点）」の意味です。reach ～ mark という形で～の部分には具体的な数字を入れると、「～という基準に届く」→「～の大台に乗る」という言い方になります。そして、今日の場合は reach above ～ mark で「～の基準の上に届く」→「～の大台を超える」ということです。
- 英字新聞頻出の重要前置詞 amid は「～の中で」「～の最中に」。したがって、amid rising demand…で「高まる…への需要の中で」→「…への需要が高まる中で」となります。
- traditional は「伝統的な」という日本語訳がよく知られる形容詞ですが、「従来の」「昔ながらの」といったニュアンスの語でもあるので注意しましょう。そこで、traditional safe assets とは「従来の安全資産」、つまり昔からリスクが少ないとされる資産という意味です。
- on fears for ～は「～に対する不安で」「～への懸念から」という言い方。「不確かな」「不確実な」という形容詞 uncertain の名詞形 uncertainty は「不確実性」「不安定性」なので、global economic uncertainty で「世界経済の不安定性」。すなわち on fears for global economic uncertainty は「世界経済の不安定性に対する懸念から」です。
- 金先物価格の上昇は止まらず、3日連続で最高値を更新しています。欧州の債務危機や米国経済の二番底懸念などから、実物資産の裏付けがあり安全資産とされる金を買う動きが一段と強まっている様相です。

Apple's Steve Jobs Resigns as CEO

Steve Jobs resigned as chief executive of Apple on Wednesday passing the reins of the firm to his right-arm Tim Cook.

Aug 26, 2011

チェック！

□**resign** [rizáin]　辞任する

□**reins** [réinz]　手綱

□**right-arm** [ráit ɑ́ːrm]　右腕（最も頼りになる人）

対訳

「アップル、スティーブ・ジョブズ氏がCEO辞任」

水曜日、スティーブ・ジョブズ氏がアップルの最高経営責任者を退任し、右腕であるティム・クック氏に同社の手綱を渡した。
2011年8月26日

訳出のポイント

- CEOはchief executive officerの略で「最高経営責任者」。resignは「辞める」「辞任する」という英字新聞頻出の重要動詞で、resign as 〜で「〜を辞任する」という言い方になっています。
- passは試験などに「受かる」、あるいは「通り過ぎる」など様々な意味で使われる動詞。バスケットボールなどで「ボールをパスする」というように、「渡す」「手渡す」という意味でも頻出です。
- reinは、本来は馬などの「手綱」という意味の名詞。ここから、人や物事を「制御する手段」という比喩的な意味での「手綱」、すなわち「支配」「指揮」といった意味でしばしば使われる語となっています。この場合、reinsと複数形で用いられることにも注意しておきましょう。このreins、とくに新聞では、国や組織の「統制」「支配」というニュアンスでよく登場します。そこで、passing the reins of the firm to…の部分は、意味的には「会社（＝アップル）の支配を…へ渡す」ということです。対訳では、あえて比喩的な意味の「手綱」という語を用いて訳してみました。
- right-armは文字通り「右腕」。日本語の「右腕」と同様、「頼りになる人」「腹心」あるいは「女房役」という意味で用いられる表現です。ちなみに、英語では、日本語の「右手」にあたるright-handといっても同じ意味になるので、あわせてチェックしておきましょう。いまやAppleの象徴となったカリスマ、スティーブ・ジョブズ氏がCEOを辞任したニュースです。

New York Braces for Arrival of Hurricane Irene

More than 370,000 residents were forced to evacuate on Saturday as New York City braces for hurricane Irene that has killed at least 10 people on the south-east coast of the US.

Aug 29, 2011

☝チェック！

☐**brace for**　〜に備える、〜に構える

☐**force to evacuate**　強制避難を命じる→避難命令を出す

対訳

「ニューヨーク、ハリケーン『アイリーン』来襲に備える」

米国南東部沿岸で少なくとも10人の犠牲者を出したハリケーン『アイリーン』に備えてニューヨーク市では土曜日に、住民37万人以上に対して避難命令が出された。

2011年8月29日

訳出のポイント

- braceの語源は「抱きしめる」という意味の古フランス語bracier。ここから、もともとは、物などを締め付けて固定する「締め金」、材木と材木をつなぎとめるために打ち込む「かすがい」などを指す名詞。医学用語で弱った関節などを固定して支える「固定器」「装具」「そえ木」、あるいは歯科の「歯列矯正器」などの意味でもよく使われます。さらに、動詞として「(これらの器具を)つける」→「固定する」「補強する」という意味にもなります。そして、ここから転じて、危険などに対して「身構える」「準備する」という意味でも頻出の動詞です。brace for ～「～に対して備える」「～に構える」という言い方になります。そこで、タイトルのbraces for arrival of hurricane Ireneは「ハリケーン『アイリーン』の到着に備える」→「ハリケーン『アイリーン』の来襲に備える」ということです。
- evacuateは（危険な場所から安全な所へ）「逃げる」「避難する」という動詞。そしてforceが「～を強要する」「～を強いる」なので、force to evacuateで「避難することを強いる」→「強制的に避難させる」となります。
- 日本の台風にあたるハリケーンですが、米国では通常カリブ海で発生し北上してくるので、上陸したり接岸したりの被害は東海岸でもたいていは南部の州に限られます。

Finance Minister Noda Chosen as Japan's Next PM

Japan's Finance Minister Yoshihiko Noda won the ruling Democratic Party leadership vote on Monday, putting him on track to become the next Prime Minister.

Aug 30, 2011

チェック!

- □**Finance Minister**　財務大臣
- □**ruling Democratic Party leadership vote**　与党民主党の代表選
- □**put ～ on track**　～を軌道に乗せる

対訳

「野田財務相、次期総理に」

日本の野田佳彦財務相が月曜日、次期首相を決める与党民主党の代表選で勝利し、次期総理大臣への階段を上ることとなった。 2011年8月30日

訳出のポイント

- PMは「午前」「午後」のAM、PMではないので注意しましょう（笑）。Prime Minister「総理大臣」「首相」の略です。
- rulingは「支配する」「統治する」という動詞ruleの現在分詞が形容詞化した語で「支配している」。英字新聞ではruling party「支配している政党」→「与党」として頻出重要語です。今日の場合はruling Democratic Partyで「与党である民主党」ということです。leadership voteは直訳すると「指導者の投票」、つまり「指導者を決める投票（選挙）」ということです。そこで、the ruling Democratic Party leadership voteは「与党民主党の代表選」となります。
- 名詞trackは色々な意味で使われますが、ここでは「線路」「軌道」の意。put ～ on trackで「～を軌道に乗せる」という表現になります。そこで、文の後半putting him on track to become the next Prime Ministerを直訳すると「彼（＝野田財務相）を次の首相への軌道に乗せる」。つまり、民主党代表選で勝利したことで、"次の首相への軌道に乗った"ということです。対訳では、「次期総理大臣への階段を上ることとなった」と意訳しています。

チャレンジコラム⑤

石田流読書術

この世には無数の本があります。今後も未来において大量に本が出版されます。その無数の本を、限られた人生で全部読むことは100％不可能です。そう考えると、今読んでいる本とめぐりあう確率というのは、実は乗っている航空機が墜落するくらいの確率だと思うのです。だから読んでいて、「あ、これはつまらない本だ」、と気づいたら、さっさと投げ出して他の本へ行きましょう。またビジネス書など自分が求めている知識が事前に分かっている場合は、全部読む必要はありません。必要なところだけを読めばよいのです。

したがって、私の読書は濫読型です。ジャンルを問わず、フィクション、ノンフィクション、文学、歴史、哲学、ビジネス、何でも読みます。ノンフィクションの場合は読んでいるとどうしても本に登場する人物についてもっと調べたくなり、読んでいる最中にアマゾンでその人物に関する別の本をオーダーするというのはよくあることです。だから良質な本というのは、本から本へ連鎖反応を引き起こさせるような本です。言葉を変えると、読み手に対しどんどん新しい世界への扉を開けてくれるような本だと思います。

私は会社と自宅、あるいは車の中に常に読む本をおいています。同時並行で数冊の本を読みます。さらに自宅でも数冊同時に読んでいます。なので途中で読むべき本が紛失してしまうこともあります(笑)。

September, 2011

2011 年 9 月

- Chinese Tycoon to Buy Tract of Iceland (Sep 1, 国際)
- Sony Unveils First Tablets (Sep 2, 社会)
- Japan Trade Minister Resigns over Nuclear Gaffe (Sep 12, 政治)
- Blast at France Nuclear Site Kills One (Sep 14, 国際)
- North Korean Defectors to Be Sent to South (Sep 16, 社会)
- Japan's Biggest Defense Contractor Hit by Cyber Attack (Sep 21, 社会)
- Saudi Women Given Right to Vote (Sep 27, 国際)
- Boeing Delivers World's First Dreamliner to ANA (Sep 28, 社会)
- Shanghai Subway Train Crash Injures 270 (Sep 29, 国際)
- Switzerland to Shutter All Nuke Plants (Sep 30, 国際)

Chinese Tycoon to Buy Tract of Iceland

Huang Nubo, a Chinese real estate investor and former high government official, plans to buy a vast tract of north-east Iceland for a $100m ecotourism project.

Sep 1, 2011

チェック！

- □**tycoon** [taikú:n]　（大物）実業家
- □**real estate investor**　不動産投資家
- □**high government official**　政府高官
- □**vast tract**　広大な土地

対訳

「中国の実業家、アイスランドの土地購入へ」

中国の不動産投資家で元政府高官の黄怒波氏が、1億ドル（約77億円）を投じるエコツーリズムプロジェクトのために、アイスランド北東部の広大な土地を購入することを計画している。 2011年9月1日

訳出のポイント

- tycoonは英字新聞でもしばしば登場する単語なので、復習しておきましょう。もともと日本語の「大君」が語源で、外国人が徳川将軍のことを呼んだのが始まり。現在では、実業界などの「大御所」「大物」という意味で使われています。
- real estateは「不動産」。real estate investorで「不動産投資家」です。
- officialも英字新聞頻出の重要語で、「職員」「役人」の意。government officialで「政府の役人」→「官僚」「国家公務員」、high government officialだと「高位の政府役人」→「高級官僚」「政府高官」になります。
- tractは陸・海などの「広がり」「広い面積」を指す名詞。ここから、「地域」「土地」（= a piece of land）といった意味で使われる語となっています。そこで、a vast tract of north-east Icelandで「アイスランド北東部の広大な土地」。
- 中国の不動産投資家・元政府高官の黄怒波氏は、米経済誌フォーブスの2010年長者番付で、中国人では161位（総資産額8億9000万ドル＝約680億円）にランクインしている資産家。黄氏が創設した不動産開発会社、中坤集団Zhongkun Groupは中国内外にリゾートや観光施設を所有しているということです。今回のアイスランドの土地購入の目的も、ゴルフコースや高級ホテルを含むエコリゾートの建設だとか。

Sony Unveils First Tablets

Japanese electronics and entertainment giant Sony unveiled its first two models of tablet computers on Wednesday, taking aim at Apple's iPad which has a commanding lead in the market. Sep 2, 2011

チェック！

□**tablet（computer）** タブレット端末（コンピュータ）

□**take aim at** ～にねらいを定める

□**commanding lead** 圧倒的なリード

対訳

「ソニー、初のタブレット端末を発表」

日本の電子機器・エンターテイメント大手、ソニーが水曜日、同社初のタブレット端末2種を発表した。タブレット市場で圧倒的なリードを見せるアップルのiPadにねらいを定める形だ。 2011年9月2日

訳出のポイント

- tabletの語源は「平たい板」の意のラテン語tabula。ここから、もともとは、記念碑や床石などにはめ込む、銘文を刻んだ石や金属の板など「銘板」「刻板」の意味で使われます。また、当時は平たい板状の木型に入れて作っていたことから、「錠剤」の意味にもなっています。そして、近年では、コンピュータ用語で板状の形をした「タブレット（型）コンピュータ」を指して使われるようになっています。日本語では「タブレット端末」という言い方が一般的かもしれません。
- aimは本来、銃・ミサイルなどを「〜に向ける」「〜をねらう」という動詞。ここから、「ねらうこと」「標的」→「目的」「目標」という名詞としても一般的になっています。今日の場合はtake aim at 〜で「〜にねらいを定める」「〜に照準を合わせる」という表現です。
- commandingは「命令する」「指揮する」という動詞commandの現在分詞から生まれた形容詞。したがって「命令する」「支配権を持つ」という意味なのですが、ここから転じて（人を命令に従わせるような）「威圧的な」「威厳のある」「堂々とした」という意味にもなっています。そこで、a commanding leadは「堂々たるリード」→「圧倒的なリード」ということ。日常的な日本語を使うと、「断トツ」に近いニュアンスです。したがって、has a commanding lead in the marketの部分は「その（＝タブレット端末の）市場で圧倒的なリードを持つ」となります。

Japan Trade Minister Resigns over Nuclear Gaffe

Japan's Trade and Industry Minister Yoshio Hachiro quit on Sunday after being criticized over calling the area around the tsunami-hit Fukushima nuclear plant "town of death".

Sep 12, 2011

チェック！

□**Trade（and Industry）Minister**　経済産業大臣

□**gaffe** [gǽf]　失言

□**be criticized over**　～で批判される

対訳

「日本の経済産業大臣、原発失言で辞任」

津波に襲われた福島原発付近の地域を『死のまち』と呼び、批判を受けていた日本の鉢呂吉雄経済産業大臣が、日曜日に辞任した。 2011年９月12日

訳出のポイント

- gaffe の語源は仏語で「失敗」「しくじり」の意。ここから、英語では主に社交上の「失策」「失言」「失態」というニュアンスで使われます。
- 「～の上に」「～を超えて」など様々な意味で用いられる前置詞の over。英字新聞では「～について」「～に関して」「～をめぐって」という用法の頻度が高いので、しっかり確認しておきましょう。今日の記事でも、この用法で２カ所登場しています。まずは、タイトルの resign over ～、resign は「辞める」「辞任する」という頻出重要動詞ですね。したがって、resign over nuclear gaffe で「原発（に関する）失言をめぐって辞任する」ということです。そして、もうひとつは本文の being criticized over ～の部分。criticize「批判する」の受動態 be criticized が「批判される」なので、「～について非難される」という言い方になります。そして、後ろには call A B「A を B と呼ぶ」という形が続いているので、「A（福島原発付近の地域）を B（『死のまち』）と呼んだことについて非難されていた」ということです。
- 野田新内閣の鉢呂吉雄経済産業大臣が、就任９日目で辞任したニュースです。鉢呂氏は福島訪問後の記者会見で震災の原発事故で大きな被害を受けた地域を『死のまち』と呼び、物議を醸しました。その後も不適切な発言が相次ぎ、辞任を求める声が高まっていました。菅直人前内閣で復興担当大臣に任命されたばかりだった松本龍氏も、震災の被害を受けた地域についての不適切な発言が原因で辞任しました。

Blast at France Nuclear Site Kills One

One person was killed and four injured in an explosion at the Centraco low-level radioactive waste treatment site in Marcoule, France on Monday. Officials said there was no risk of a radioactive leak after the accident.

Sep 14, 2011

チェック！

□**blast**（= **explosion**）[blǽst]　爆発

□**radioactive waste treatment site**　核廃棄物処理施設

□**radioactive leak**　放射性物質の漏えい

対訳

「仏核施設で爆発、1人死亡」

月曜日、フランスのマルクールにあるセントラコ低レベル核廃棄物処理施設の爆発で、1人が死亡し、4人が負傷した。当局によると、事故後に放射性物質漏えいの危険性はないという。 2011年9月14日

訳出のポイント

- siteは「敷地」「場所」「用地」という名詞。広義で日本語の「施設」に近いニュアンスで使われる語でもあります。そこで、今日のタイトルのnuclear siteは「核施設」。また、本文のradioactive waste treatment siteは「核廃棄物処理施設」になります。
- wasteはもともと「消耗する」「浪費する」「(むだに）使う」という動詞で、ここから不用品として「廃棄する」「捨てる」「処分する」の意にもなります。そして、同形のwasteで名詞にもなるので、生産過程で生じる「廃棄物」「くず」「ごみ」といった意味でもよく使われる語となっています。industrial wasteで「産業廃棄物」、nuclear wasteで「核廃棄物」ということです。radioactiveは「放射性の」「放射能の」という形容詞なので、radioactive wasteだと「放射性廃棄物」すなわち「核廃棄物」と同意になります。
- official「公務員」「役人」の複数形officialsは、日本語の「当局」にあたる語になります。英字新聞頻出の重要表現のひとつなので、しっかり再確認しておきましょう。
- 今回の現場は、日本人観光客も多い観光地アビニョンから北へ20キロ足らず。爆発は低レベルの金属製核廃棄物約4トン（約6万3000ベクレルに相当）を溶融炉で溶かす過程で発生したといいます。溶融炉は建屋内にある遮へいされた空間に設置されており、爆発で遮へい壁が吹き飛んだものの、建屋自体に大きな損傷はなかったと報告されています。

North Korean Defectors to Be Sent to South

Nine North Korean refugees who were found on a small boat off the Noto Peninsula in the Japan Sea on Tuesday will be transferred to South Korea in line with their request, the Japanese government said.

Sep 16, 2011

チェック！

- □**North Korean defector（refugee）** 脱北者
- □**Noto Peninsula** 能登半島
- □**transfer** [trænsfə́:r] 移送する
- □**in line with** 〜に添って

対訳

「脱北者ら、韓国移送へ」

火曜日に日本海の能登半島沖で、小型船に乗っているのを発見された脱北者9人は、当事者らの希望に添う形で韓国へ移送される予定だと日本政府が伝えた。

2011年9月16日

訳出のポイント

- defectorは、「離脱する」「離反する」「逃亡する」という動詞defectに「〜する人」という接尾辞-orがついたもので「離脱者」「離反者」「逃亡者」。ここから、特定の国からの「亡命者」という意味でもよく使われる語です。refugeeの方はもともと戦争や災害などによる「避難民」「難民」の意。ここから、政治的・宗教的な理由による「亡命者」にも用いられます。したがって、North Korean defectorおよびNorth Korean refugeeはどちらも「北朝鮮（から）の亡命者」ということです。もちろん、defector（refugee）from North Koreaといっても全く同じですが、新聞記事は一語でも少なくてすむ表現が好まれるので、North Korean defector（refugee）となっているわけです。また、日本語では「北朝鮮からの亡命者」という場合、簡潔に「脱北者」ということが慣習になっています。今日の対訳でも「脱北者」としています。タイトルについてはNorth Korean defectors（are）to be sent to South（Korea）と（　）の部分を補って考えましょう。be to Vは「Vするつもりである」「Vすることになっている」という表現。したがって、「脱北者らは南朝鮮（＝韓国）に送られることになっている」→「脱北者らは韓国へ移送されることになっている」。
- in line with 〜は「〜と一致して」「〜と合致して」という言い方。そこでin line with one's requestで「〜の依頼（要求・希望）と合致して」→「〜の希望に添って」ということです。

Japan's Biggest Defense Contractor Hit by Cyber Attack

Japan's biggest defense contractor, Mitsubishi Heavy Industries confirmed on Monday that dozens of its computers and servers had been infected with information stealing malware in a cyber attack.

Sep 21, 2011

チェック！

□**defense contractor** 防衛請負企業、防衛契約企業

□**infect** [infékt] 感染させる

□**information stealing malware** 情報を盗むマルウェア

対訳

「日本最大の防衛契約企業、サイバー攻撃受ける」

防衛契約企業の日本最大手である三菱重工は月曜日、サイバー攻撃でコンピュータおよびサーバー数十台が情報を盗むためのマルウェアに感染したことを認めた。

2011年9月21日

訳出のポイント

- contractor は「契約する」「〜（すること）を請け負う」という動詞 contract に「〜する人」という接尾辞 -or がついたもので、「契約者」「請負人」。ただし、個人のみでなく機関や企業のことも指すので、その場合は「請負業者」「請負企業」「契約企業」といった意味になります。今日の場合も、三菱重工という会社のことを指して Japan's biggest defense contractor といっているので「日本最大の防衛契約企業」→「日本の防衛契約企業最大手」ということです。
- confirm は「確かめる」「確認する」という意味でよく知られる動詞。英字新聞では、すでにある程度知られていることを「追認する」あるいは「(認めて）正式に発表する」というニュアンスでもしばしば登場します。ここでもサイバー攻撃について当事者の三菱重工が「正式に認めて発表した」という意味になっています。
- dozens of 〜は直訳すると「数ダースの〜」。ただし、日本語にはこういった表現でダースという単位を使う習慣はなく、1ダース＝12なので、意味的には「数十の〜」とほぼ変わらないことから、通常は「数十の〜」「多数の〜」と訳されます。
- malware は malicious software が省略された語です。malicious「悪意のある」「意地の悪い」という形容詞なので、malicious software は「悪意のあるソフトウェア」の意。

Saudi Women Given Right to Vote

Saudi Arabia will allow women to vote and run as candidates in the next nationwide local elections for the first time, King Abdullah announced on Sunday.

Sep 27, 2011

チェック！

□**right to vote**　投票権、選挙権

□**allow 人 to V**　人がVすることを許す、認める

□**run as candidates**　（選挙に）立候補する

□**nationwide local elections**　統一地方選挙

対訳

「サウジ、女性へ選挙権」

サウジアラビアは、次回の統一地方選挙で初めて女性の投票および立候補を認めると、アブドラ国王が日曜日に発表した。

2011年9月27日

訳出のポイント

- right は「正しい」あるいは「右の」という形容詞として知られる語。名詞としては、「正しいこと」「正当」「公正」という意味にもなりますが、「権利」の意味でも頻出なのでしっかり確認しておきましょう。そこで、right to vote は「投票する権利」→「投票権」「選挙権」ということです。
- 今日のタイトルは Saudi Women（Are）Given Right to Vote と be 動詞を補って考えてください。つまり、「サウジの女性に選挙権が与えられる」ということです。
- 動詞 allow は「許す」「許可する」。allow 人 toV という形で「人が V することを許す、認める」という言い方になります。今日の場合は、人は women ですが、V がふたつ並列しているので要注意です。すなわち vote と run as candidates の両方が V にあたるわけです。そこで、allow women to vote and run as candidates は「女性が投票し立候補することを許す」→「女性の投票および立候補を認める」となります。
- candidate の語源は「白衣を着た人」という意味のラテン語 candidatus。ローマ時代に執政官選挙の候補者は白衣を着たことから、職や地位などに対する「立候補者」「推薦候補」という意味に使われる語となっています。また、「走る」の意で最も知られる基本動詞の run ですが、主に米国では選挙などで「立候補する」「選挙に出る」という意味でよく使われます。したがって、run as candidates は「立候補者として出る」「立候補する」ということです。

Boeing Delivers World's First Dreamliner to ANA

Boeing and All Nippon Airways (ANA) celebrated on Monday the long-awaited delivery of the first 787 Dreamliner passenger plane to the Japanese airline after three years of delays. Sep 28, 2011

チェック！

- □**deliver** [dilívər]　納入、引き渡し
- □**celebrate** [séləbrèit]　祝典（式典）を挙行する
- □**long-awaited** [lɔ́(:)ŋ əwéitid]　待望の
- □**passenger plane**　旅客機
- □**delay** [diléi]　遅れ、延期

対訳

「ボーイング、全日空へ世界初のドリームライナーを納入」

ボーイングと全日本空輸（ANA）は月曜日、3年の延期を経て待望の787ドリームライナー旅客機初号機の引き渡し式典を開催した。

2011年9月28日

訳出のポイント

- deliverというと「配達する」「届ける」の意味でおなじみの動詞。今日の場合は、注文された製品などを正式に「引き渡す」「納入する」という意味になっています。
- 動詞celebrateは通常「祝う」「祝福する」とされていますが、儀式・祝典・式典などを「挙行する」「執りおこなう」の意味でもよく使われます。例えば…celebrate a marriageは「結婚を祝う」とも訳せますが、一般的には「結婚式を執りおこなう」「挙式する」を意味します。そこで、celebrated on Monday the long-awaited delivery of the first 787 Dreamliner passenger planeの部分は「待望の787ドリームライナー旅客機初号機の引き渡し式典を執りおこなった（開催した）」ということです。また英文では、この後にto the Japanese airlineが続くので、この部分も含めて直訳すると「待望の787ドリームライナー旅客機初号機の日本の航空会社への引き渡し式典を開催した」となります。
- 「日本の航空会社」とは「全日空」を言い換えたもの。「全日空」の英語名は文頭で登場しているようにAll Nippon Airwaysで、JAL（Japan Airline）とは違い、なじみのないnative speakerには名前だけでは日本の航空会社とはわかりません。ですから、この部分はそれを説明する意図もあってto the Japanese airlineと入れているわけです。ただし、日本語訳では「全"日本"空輸」が"日本"の航空会社なのは、"言わずもがな"で、訳文に入れるとかえって不自然になってしまいます。

Shanghai Subway Train Crash Injures 270

A Shanghai subway train has rear-ended another train and injured more than 270 passengers, reawakening concerns about China's hasty rail building plans only two months after a collision between two high-speed trains.

Sep 29, 2011

チェック！

- □**crash**（= **collision**）[kræʃ]　衝突（事故）
- □**rear-end** [ríə*r* énd]　～に追突する
- □**reawaken** [riəwéikn]　再燃させる
- □**hasty rail building plans**　性急な鉄道計画

対訳

「上海地下鉄で衝突事故、270人が負傷」

火曜日、上海の地下鉄列車が別の列車に追突し、乗客270人以上が負傷。高速鉄道の衝突事故からわずか2ヶ月後のできごとに、中国の性急な鉄道計画に対する懸念が再燃している。

2011年9月29日

訳出のポイント

- rear は「後方（の）」で end が「端」「先端」なので、rear end で「後部」です。通常、列車など車両の「後部」「後尾（部）」を指します。今日は、この rear end が動詞化した rear-end として登場。意味は「(車両の後部に)追突する」です。
- reawaken は「目を覚まさせる」「呼び起こす」という動詞 awaken の前に「再び」の意の接頭辞 re- がついたもので、「再び呼び覚ます」「再び呼び起こす」→「再燃させる」ということです。
- hasty はもともと「急いだ」「迅速な」という形容詞。ここから、否定的なニュアンスが伴うような、「早まった」「性急な」「せっかちな」といった日本語にあたる語としても、しばしば使われます。そこで、China's hasty rail building plans「中国の性急な鉄道計画」の部分の hasty にもこのようなニュアンスが含まれていることを読み取っておきましょう。カンマ以下の文後半 reawakening concerns about China's hasty rail building plans only two months after a collision between two high-speed trains の部分を直訳すると「高速鉄道列車2台の衝突事故のわずか2ヶ月後に、中国の性急な鉄道建設計画に対する懸念を再燃させる」となります。対訳では、この部分を独立させて、「高速鉄道の衝突事故からわずか2ヶ月後（のできごとに)、中国の性急な鉄道建設計画に対する懸念が再燃している」としているわけです。

Switzerland to Shutter All Nuke Plants

The Swiss parliament's upper chamber on Wednesday approved a plan to phase out nuclear energy, decommissioning all of its five nuclear power plants by 2034.

Sep 30, 2011

チェック！

☐**shutter** [ʃʌ́tər]　閉鎖する

☐**parliament's upper chamber**　議会の上院

☐**approve** [əprúːv]　可決する

☐**phase out**　段階的に減らす

☐**decommission** [dìːkəmíʃən]　廃炉にする

対訳

「スイス、全原発閉鎖へ」

スイス議会の上院は水曜日、原子力エネルギーを段階的に減らし、2034年までに原子力発電所5基すべてを廃炉にする方針を可決した。 2011年9月30日

訳出のポイント

- shutterはもともと「よろい戸」「雨戸」を意味する名詞。ここから、商店や車庫などの開口部の覆いである「シャッター」、あるいはカメラの「シャッター」の意味にもなっています。ただし、今日のタイトルは、名詞から転じて動詞となったshutterとして登場。「シャッターを閉める」の意から、店などがシャッターを下ろして「休業する」「閉鎖する」ということです。nukeはnuclearの省略形なので、nuke plants = nuclear plantsで「原子力発電所」。そこで、shutter all nuke plantsは「すべての原子力発電所を閉鎖する」ということです。
- approveは「承認する」「認可する」の意でよく知られる動詞ですが、議会などが主語にきている場合は、日本語の「可決する」にあたる語となるので注意しましょう。
- phaseは「星の出現」や「月の位相」を意味するギリシア語phasisが語源。そこで、変化する物や状態の「ひとつの姿」、発達や変化の中の「段階」「時期」といった意味の名詞です。そして、動詞としては「〜を段階的に行う」の意味になります。したがって句動詞phase outは「段階的に遠ざける」→「段階的に停止（廃止・除去・削減）する」ということです。よってphase out nuclear energyは「原子力エネルギーを段階的に減らしていく」。
- 日本語にもなっている「コミッション」の語源であるcommissionは、「手数料」「歩合」といった意味で知られているかもしれません。もともとは「委任」「委託」の意味で、ここから「権限（任務）を与える」などの意の動詞としても用いられます。

チャレンジコラム⑥

海外旅行に行ってすべきこと

私は1年に最低3回は家族で海外旅行に出かけます。ゴルフが好きなのでゴルフができるところならばどこでも良いのです。バリ島、グアム、ハワイ、タイといった年中ゴルフができるところが好きです。バリ島のヌサドゥアにあるバリゴルフ・アンド・カントリークラブには友だちになったキャディが何人もいます。グアムは海越えのショートホールがあるマンギラオが一番ですが、マンギラオよりも難しいのがCCP（Country Club of the Pacific）。初心者にはスターツがお勧めです。

海外旅行に行ったときに意識してやることがあります。それが早朝のジョギングです。だから必ず旅行カバンには履きなれたジョギングシューズをいれて持って行きます。以前、現地のスポーツショップで購入したけど履きなれてなく、豆ができたので、以来、常に携行するようにしています。

日中はレンタカーやタクシーで移動することが多いですが、朝のジョギング時には、全く景色が違うことが分かります。車の移動で見逃していた風変わりな建物やお店を発見したり、朝市を見かけたり、子どもたちの通学風景に出くわしたり。iPodを聞きながら、朝のひんやりとした空気の中、見知らぬ街を走るのはすごく気持ちが良いです。

ジョギングから帰ってくるとシャワーを浴び、すぐにプールへ飛び込みます。その後のビールが美味いこと（笑）。

October,2011

2011 年 10 月

- Hundreds of Anti-Wall Street Protesters Arrested（Oct 3, 国際）
- Greece to Miss Deficit Targets （Oct 4, 国際）
- Apple Shares Ship on Disappointing iPhone 4S Launch（Oct 6, 経済）
- Apple Co-founder Steve Jobs Dies at 56 （Oct 7, 国際）
- Paul McCartney Says “I Do” for Third Time（Oct 11, 芸能）
- Myanmar Frees 100 Political Prisoners （Oct 13, 国際）
- Samsung Sues Apple in Japan, Australia to Block iPhone 4S Sales（Oct 19, 国際）
- Libya’s Col Gaddafi Captured and Killed （Oct 24, 国際）
- Thai Floods: Waters Advance on North and Central Bangkok（Oct 26, 国際）
- Fresh Yen Hike May Spark Government Intervention（Oct 27, 経済）

Hundreds of Anti-Wall Street Protesters Arrested

About 500 anti-Wall Street protesters were arrested on Saturday for blocking traffic of the Brooklyn Bridge in New York City. Oct 3, 2011

チェック！

□（**be**）**arrested** [əréstid]　逮捕される

□**block traffic**　交通妨害をする

対訳

「反ウォール街デモ、数百人が逮捕」

土曜日にニューヨークのブルックリン橋の交通を妨害したとして、反ウォール街デモ参加者約500人が逮捕された。

2011年10月3日

訳出のポイント

- arrest は英字新聞でも頻出の動詞で「逮捕する」。arrest for ～で「～（の罪・容疑）で逮捕する」のように、逮捕の理由を述べる言い方になります。今日のように受動態 be arrested for ～「～で逮捕される」の形で登場することも多いので、あわせて再確認しておきましょう。
- protester は「抗議する」という動詞 protest に「～する人」という接尾辞 -er がついた名詞で「抗議する人」「抗議者」の意。意外に日本語にしづらい単語ですが、意味的には「デモ（抗議行為）をする人」「デモ参加者」ということになります。
- anti- は名詞・形容詞の前につけて、「反—」「非—」「対—」といった意味を作る接頭辞。その際には、母音や大文字で始まる名詞・形容詞の前ではハイフンを用いるのが基本的なルールになっています。例をあげると…
  【通常の形】 antislavery「反奴隷制度」
  【母音で始まる場合】 anti-aging「老化防止の」
  【大文字で始まる場合】 anti-American「反アメリカの」
  という具合です。そこで、今日の anti-Wall Street も Wall Street が固有名詞で大文字で始まるので、ハイフンが用いられているというわけです。ニューヨーク・マンハッタンにある世界最大の金融街ウォール街付近で広がる、行きすぎた市場経済に対する抗議運動。
- 「企業欲」corporate greed に抗議し、eradication of poverty「貧困撲滅」などを訴える若者を中心とした数百人が、2週間ほど前から近くの公園に座り込んでいます。

Greece to Miss Deficit Targets

The European stock market fell sharply Monday on news that Greece is likely to miss its deficit targets this year and next.

Oct 4, 2011

チェック！

☐**deficit target**　財政赤字目標
☐**fall sharply**　（株価が）急落する
☐**be likely to V**　〜しそうである

対訳

「ギリシャ、財政赤字目標は未達の見込み」

ギリシャが今年と来年の財政赤字目標を達成できない見込みだというニュースを受けて、欧州株式市場は月曜日に急落した。

2011年10月4日

訳出のポイント

- deficit は「不足額」「赤字（額）」という名詞。今日の記事では、budget deficit「財政赤字」の意味で登場しています。deficit target で「財政赤字目標」ということです。動詞 miss は、ねらったものを「打ちそこなう」「捕りそこなう」「(的などを）はずす」の意。ここから、目標などに「届かない」「のがす」という意味にも使われます。そこで、miss deficit targets は「財政赤字目標に達しない」「財政赤字目標を達成できない」ということです。
- likely は「ありそうな」「起こりそうな」という形容詞。後ろに to 不定詞をとって be likely to V という形で「～しそうである」「たぶん～するだろう」→「～する見込み（見通し）である」という言い方になります。おなじみの前置詞 on には「～に接して」「～に接触して」というニュアンスがあります。そこで、on news that ～は「～というニュースに接して」→「～というニュースを受けて」という表現です。したがって、文の後半、on news that Greece is likely to miss its deficit targets this year and next は「今年と来年にギリシャが財政赤字目標を達成できない見込みであるというニュースを受けて」となります。
- ギリシャ政府は、2011年の財政赤字が国内総生産 gross domestic product（= GDP）比で8.5％に達する見込みだと発表しました。これは、欧州連合（EU）との間で交わした目標の数字を1ポイント上回るものです。これを受けてユーロ圏では財務相会合が開かれ、今後のギリシャ向け融資の継続について協議をするということです。

Apple Shares Ship on Disappointing iPhone 4S Launch

Apple shares dropped 5 percent at one point on Tuesday as the technology giant unveiled the latest version of its smartphone, the iPhone 4S, but failed to impress Wall Street. Oct 6, 2011

チェック！

☐**disappointing** [dìsəpɔ́intiŋ]　期待はずれの

☐**at one point**　一時

☐**impress** [imprés]　好印象を与える

対訳

「iPhone 4S発表は期待はずれ…アップル株下落」

テクノロジー大手のアップルが同社スマートフォンの最新版iPhone 4Sを発表したが、ウォール街に好印象を与えることはできず、火曜日に同社株は一時5%下落した。

2011年10月6日

訳出のポイント

- appoint「指名する」という動詞の前に否定の接頭辞dis-がついたdisappointは「指名しない」「支持しない」→「失望させる」の意。つまり、人を「失望させる」「がっかりさせる」という動詞です。タイトルのdisappointingはこの動詞disappointの現在分詞が形容詞化したもので、人を「失望させる」「がっかりさせる」→「期待はずれの」「案外よくない（つまらない）」。
- 動詞dropは「落ちる」「落ち込む」「下がる」。株価などが「下落する」ときによく使われる語です。at one pointは「一時」「あるとき」「ある時点で」という表現。そこで、文頭部分…Apple shares dropped 5 percent at one point on Tuesday「火曜日にアップル株は一時5%下落した」。つまり、火曜日の終値ということではなく、取引時間内のある時点で5%下落したことを意味しています。
- impressは人に「感銘を与える」「感動（感心）させる」という動詞です。通常肯定的なニュアンスを持つ語で、日本語の「好印象を与える」「印象づける」などにあたる語だと理解しておきましょう。また、failは「失敗する」「しくじる」という動詞で、fail to Vで「〜しそこなう」「〜できない」という言い方。したがって、failed to impress Wall Streetで「ウォール街に好印象を与えることはできなかった」となります。Wall Streetはしばしば「米国株式市場」を指しますが、今日の場合は投資家たち、アナリストたちを含む（米国）の株式投資業界全体を意味していると考えられます。

Apple Co-founder Steve Jobs Dies at 56

Steve Jobs, co-founder and former chief executive of U.S. technology giant Apple, died on Wednesday at the age of 56.

Oct 7, 2011

チェック!

□**co-founder** [koufáundər]　共同創業者

□**former chief executive**　前最高経営責任者

対訳

「アップル共同創業者スティーブ・ジョブズ氏が死去、56歳」

米テクノロジー大手アップルの共同創業者で前最高経営責任者、スティーブ・ジョブズ氏が水曜日に死去した。56歳だった。 2011年10月7日

訳出のポイント

- founderは「～の基礎を築く」「～を設立（創立）する」という動詞foundの後に「～する人」というおなじみの接尾辞-erがついたもので、「創始者」「設立者」「創業者」の意。今日の場合は、このfounderの前にさらに「共同の」「共通の」という接頭辞co-が加わって、co-founder「共同創立者」「共同創業者」となっています。
- formerも英字新聞頻出の重要語のひとつで、「かつての～」「元～」「前～」。そこで、former chief executiveで「前最高経営責任者」ということです。「最高責任者」はchief executive officer（= CEO）ですが、今日のようにchief executiveだけでも同じ意味になるので、あわせて確認しておきましょう。
- at the age of ～は「～歳のときに」。died at the age of ～で「～歳で亡くなった」という言い方になります。
- アップルがiPhone 4Sの発表を行ったその翌日、共同創業者でCEOを退任したばかりのスティーブ・ジョブズ氏が死去したというニュースです。ジョブズ氏を悼み、同社取締役会は“(his) brilliance, passion and energy were the source of countless innovations that enrich and improve all of our lives. The world is immeasurably better because of Steve.”「我々すべての生活をよりよく、より豊かなものにしてくれた数々のイノベーションの源は、スティーブの才能、熱意そしてエネルギーだった。彼のおかげで、世界は計り知れないほど進歩した」との声明を発表しています。

Paul McCartney Says "I Do" for Third Time

Former The Beatles Paul McCartney married for the third time, exchanging rings and vows with Nancy Shevell from America in London on Sunday.

Oct 11, 2011

チェック！

☐**say "I do"**　結婚する、結婚式を挙げる

☐**exchange rings and vows**　挙式する

対訳

「ポール・マッカートニーさん、3度目の結婚」

元ビートルズのポール・マッカートニーさんが、日曜日にロンドンでアメリカ出身のナンシー・シェベルさんと結婚式を挙げた。マッカートニーさんにとっては、3度目の結婚となる。

2011年10月11日

訳出のポイント

- タイトルの say "I do" は直訳すると「『はい』と言う」。英語圏のキリスト教の結婚式では、通常、神父の "Do you,（name）take（name）to be your lawful wedded wife（husband）?"「あなたは○○を（法律に則って）妻（夫）としますか？」のような問いに、新郎・新婦が順番に "I do."「はい」と答えることになっています。つまり、marriage vow「結婚の誓約（誓い）」です。ここから say "I do" は「結婚の誓約で『はい』と言う」→「結婚する」「結婚式を挙げる」ということになります。
- 本文の exchange rings and vows もほぼ同じ意味の表現なので、まとめて確認しておくといいですね。ここでいう ring とはもちろん wedding ring「結婚指輪」のこと。そして、vows は上述の marriage vow「結婚の誓約」。したがって exchange rings and vows で「（結婚）指輪と誓約を交わす」→「結婚する」となります。
- また、その他にも tie the knot「（夫婦の）絆を結ぶ」→「結婚する」という表現もよく使われます。for the first time「初めて」という言い方はよく知られていると思いますが、実は first の部分を別の序数にすれば、非常に応用が利く表現なので、しっかりチェックしておきましょう。今日の場合は for the third time なので「3度目に」。つまり、married for the third time で「3度目の結婚をした」となります。

Myanmar Frees 100 Political Prisoners

The authorities in Myanmar had released about 100 political prisoners as part of an amnesty, pro-democracy leader Aung San Suu Kyi said on Wednesday.

Oct 13, 2011

チェック！

- □**political prisoner**　政治犯
- □**amnesty** [ǽmnəsti]　恩赦
- □**pro-democracy leader**　民主化運動指導者

対訳

「ミャンマー、政治犯100人釈放」

ミャンマー当局が恩赦の一環として政治犯約100人を釈放した。民主化運動指導者のアウン・サン・スー・チーさんが水曜日に伝えた。　2011年10月13日

訳出のポイント

- prisonerはprison「刑務所」から派生した名詞で「囚人」「捕虜」。political prisonerで「政治犯」「政治囚」ということです。
- タイトルのfreeおよび本文のreleaseはどちらも同じ意味で「自由にする」→「解放する」「釈放する」。
- 「権力（者）」「支配（者）」の意の名詞authority。英字新聞ではthe authoritiesという形で頻出の重要語です。「当局」の意味になるので再確認しておきましょう。
- amnestyの語源はギリシャ語のanbestuaで、これは「健忘症」の意。ここから、"罪を忘れる"→人に対する「恩赦」「大赦」「特赦」、つまり行政権により国家の刑罰権の全部あるいは一部を消滅もしくは軽減させる制度を指して使われる単語となっています。そこで、as part of an amnestyで「恩赦の一環として」ということです。
- pro-は「～に賛成の」「～支持の」という意味の接頭辞なので、pro-democracyは「民主主義に賛成の」「民主化運動を支持する」。したがって、pro-democracy leaderは「民主化運動指導者」の意味になります。
- ミャンマーではテイン・セイン大統領が民主化勢力への柔軟路線を推し進める中、今回は政治犯を含む服役囚6359人の恩赦を発表しています。民主化勢力によると、ミャンマーには計2000人以上の政治犯が収監されているそうです。先に国営紙は、今回の恩赦では著名な活動家も含む約600人の政治犯が釈放されるとの見通しを伝えていますが、今のところ釈放された政治犯は約100人ということです。

Samsung Sues Apple in Japan, Australia to Block iPhone 4S Sales

Samsung Electronics sued Apple in Japan and Australia on Monday to ban sales of the iPhone 4S, escalating a current legal battle of the world's two biggest makers of smartphones and tablet computers.

Oct 19, 2011

チェック！

☐**sue** [s(j)úː]　提訴する

☐**ban** [bǽn]　〜を禁じる

☐**legal battle**　法廷闘争、訴訟合戦

対訳

「サムスンがアップルを提訴、日豪で iPhone 4S 販売阻止求める」

サムスン電子は月曜日、日本とオーストラリアで iPhone 4S の販売を禁ずるためにアップルを提訴。スマートフォンとタブレットの世界 2 大メーカー間で進行中の法廷闘争が激化している。　2011年10月19日

訳出のポイント

- ban は英字新聞頻出の重要語のひとつ。「禁止（令）」という名詞でもよく登場しますが、今日の場合は「禁ずる」「禁止する」という動詞になっています。したがって、ban sales of the iPhone 4S で「iPhone 4S の販売を禁止する」。
- escalate は escalator「エスカレーター」から生まれた動詞です。もともとは「エスカレーターで上がる（下がる）」の意。ここから、費用や割合、あるいは量や程度が「段階的に拡大（増大・上昇）する」という意味になり、さらに争いや問題などが「激化する」「悪化する」の意味でもよく使われる語となっています。日本語の「エスカレートする」も、ここからきているわけです。
- legal battle は直訳すると「法律上の戦い」。つまり、「法廷闘争」あるいは「訴訟合戦」ということです。
- アップルとサムスンは、世界 10 ヶ国以上でまさに "法廷闘争" を繰り広げている最中。iPhone 4S についても、今回の日豪に先立って、サムスンはすでにフランスとイタリアで販売差し止めを求める提訴を起こしています。サムスン側の提訴の理由としては、日本では技術とユーザーインターフェースの特許侵害、オーストラリアでは無線通信に関する特許侵害があげられており、これらの特許侵害は、他国で同社が行っている訴訟でも争われているものです。

Libya's Col Gaddafi Captured and Killed

Libyan ex-leader Muammar Gaddafi who had ruled the country for 42 years was captured and killed by the forces of National Transitional Council on Thursday.

Oct 24, 2011

チェック！

□**capture** [kǽptʃər]　捕獲する、拘束する

□**rule** [rúːl]　支配する

□**National Transitional Council**　リビア（暫定）国民評議会

対訳

「カダフィ大佐が拘束、死亡」

リビアを42年にわたって支配した元指導者のムアマル・カダフィ大佐が、木曜日に国民評議会軍によって拘束され、死亡した。　2011年10月24日

訳出のポイント

- col は colonel の略で「大佐」。日本語でも「カダフィ大佐」というように、英語では Colonel Gaddafi といい、しばしば Col Gaddafi と記されます。capture は「捕らえる」という動詞ですが、ここには "力ずくで" というニュアンスがともないます。つまり、抵抗したり逃げたりする動物・人を「力ずくで捕まえる」わけです。そこで、今日の場合は、反体制派に追われて隠れていた元独裁者が「拘束された」ということです。
- rule は「規則」「規約」という名詞として最も知られる語ですが、英字新聞では動詞としても頻出なので確認しておきましょう。主に君主や独裁者などが国・国民を(専制的あるいは独裁的に)「支配する」「統治する」という意味です。したがって、who had ruled the country for 42 years の部分は「その国（＝リビア）を42年間支配した（カダフィ大佐)」となります。
- transitional は「暫定の」「過渡的な」「推移する」といった意味の形容詞。transitional government あるいは transitional administration で「暫定政権」となります。ここで登場している National Transitional Council は、リビア内戦にともない反カダフィ勢力の連合によって形成された暫定政権「(暫定) 国民評議会」。ただし、日本語訳としては "暫定" を省いた「国民評議会」が定着しているので、対訳でもこちらを採用しています。

Thai Floods: Waters Advance on North and Central Bangkok

Floodwaters are now creeping further into central Bangkok after heavy monsoon rains since the end of July have caused serious damage to the central regions of Thailand killing more than 350 people.

Oct 26, 2011

チェック！

- □**advance on**　～に迫る
- □**floodwaters** [flʌ́dwɔ́:tərz]　洪水（の水）
- □**creep** [krí:p]　忍び寄る
- □**cause serious damage**　深刻な被害をもたらす

対訳

「タイ洪水：バンコク北部、中心部へ迫る」

7月末から続くモンスーンの雨が、タイ中部に深刻な被害をもたらし、350人以上の死者を出したが、洪水は現在バンコク中心部へとさらに忍び寄っている。

2011年10月26日

訳出のポイント

- advanceは「進む」「前進する」という動詞。advance on～で「～へ向かって前進する」→「～へ迫る」「～へ押し寄せる」という句動詞です。
- creepは、もともと赤ちゃんや四つ足の動物などが「はう」「はって進む」という意味の動詞です。ここから、「ゆっくりと動く」「忍び寄る」といったニュアンスで用いられる語となっています。そこでare creeping further into central Bangkokで「バンコク中心部へとさらに忍び寄っている」。
- causeは元来「原因」「もと」という意味の名詞。通常はネガティブなことがらについて使われる語です。ここから、「～の原因となる」という動詞としても頻出なので、しっかり確認しておきましょう。A cause Bで「AがBの原因となる」→「AがBを引き起こす」ということです。ここではcause serious damage「深刻な被害の原因となる」→「深刻な被害をもたらす」という言い方です。
- 被害がますます深刻化するタイの洪水の話題です。中部アユタヤ県そしてバンコク北隣のバトゥムタニ県で甚大な被害をもたらした洪水は、首都へと押し寄せています。バンコクでは現在住民計9万5000人に避難勧告が出されていますが、タイ湾が28日から大潮となり、首都を流れるチャオプラヤ川では満潮時には水位が最大70センチ上昇する見込みで、被害のさらなる拡大が懸念されます。

Fresh Yen Hike May Spark Government Intervention

Japanese Finance Minister Jun Azumi said the government will take strong measures if the yen continues to rise, as it touched a fresh postwar record high of 75.73 against the U.S. dollar at one point on Tuesday.

Oct 27, 2011

チェック！

☐**fresh** [fréʃ]　新たな

☐**spark government intervention**　政府介入の引き金となる

☐**take strong measures**　強力な対策をとる

☐**postwar record high**　戦後最高値

対訳

「新たな円高、政府介入の引き金となるか」

火曜日に一時期円が対米ドル75.73円と再び戦後最高値を更新したのを受けて、日本の安住淳財務相は、円高が続くならば政府は強力な対策を取ることになると伝えた。

2011年10月27日

訳出のポイント

- spark はもともと「火花」「スパーク」という名詞ですが、比喩的に「火種」→「呼び水」といったニュアンスでも使われます。そして、動詞としては「火花を散らす」という意味に加えて、「〜への導火線となる」「〜の引き金となる」→「〜を引き起こす」の意にもなっています。そこで、今日のタイトルは「新たな円高が政府介入の引き金となる可能性がある」→「新たな円高、政府介入の引き金となるか」ということです。
- 名詞 measure は英字新聞でも頻出の重要語。様々な意味で使われますが、よく登場するのは「手段」「方策」「対策」の意です。take a measure あるいは take measures で「手段をとる」「対策を講じる」「手を打つ」という表現になります。ここでは、take strong measures なので「強い手段をとる」「強力な対策をとる」「強攻策をとる」ということです。
- post は「後の」「次の」という意味を表す接頭辞。そこで postwar は「戦後」「戦後の」ということです。touch は「〜に触れる」「〜に接する」といった意味で知られる動詞ですが、ここから「〜に達する」「〜に届く」というニュアンスにもなります。したがって、it touched a fresh postwar record high は「それ（＝円）は新たな戦後最高値に達した」→「円は再び戦後最高値を更新した」。

チャレンジコラム⑦

好きな映画

私は映画の虫です。学生時代はシネマ研究会に所属していて8ミリ映画を撮ったこともあります。映画は役者よりも映画監督で選びます。好きな監督をとりわけ好きな作品を（　）に入れて書くと、日本では、小津安二郎（戸田家の兄妹）、野村芳太郎（砂の器）、黒澤明（羅生門）、鈴木清順（ツィゴイネルワイゼン）、伊丹十三（タンポポ）、森田芳光（家族ゲーム）、最近では、北野タケシ（HANA-BI）、清水崇（呪怨）、園子温（ヒミズ）です。振り返ると古い映画が多いですね。

海外では、ヒッチコック（疑惑の影）、ゴダール（気狂いピエロ）、トリュフォー（ドワネル少年シリーズ）、ルイ・マル（死刑台のエレベーター）、タルコフスキー（ストーカー）、フェリーニ（魂のジュリエッタ）、アンゲロプロス（旅芸人の記録）、スコセッシ（タクシードライバー）、コッポラ（ゴッドファーザー）、イーストウッド（ダーティハリー）、キューブリック（2001年宇宙の旅）、ポランスキー（水の中のナイフ）、最近では、コーエン兄弟（ファーゴ）、ウォシャウスキー兄弟（マトリックス）と挙げ出したらキリがありません。

基本的に古い映画が多いので学生時代は名画座通いをしていましたが、最近はもっぱらDVDをアマゾンで購入して自宅の55インチのテレビで観ています。

November, 2011

2011 年 11 月

- China Launches Shenzhou 8 Spacecraft （Nov 2, 国際）
- Michael Jackson Doctor Found Guilty （Nov 9, 芸能）
- Italy's Berlusconi to Resign as PM （Nov 10, 国際）
- Fukushima Nuclear Plant Opened to Reporters（Nov 14, 社会）
- Japan's K Computer Defends Top Spot on Supercomputer List（Nov 16, 社会）
- Japan's Soil Contamination from Fukushima Nuclear Accident（Nov 17, 社会）
- Hawks Win Japan Series （Nov 22, スポーツ）
- Japan's TSE and OSE to Merge （Nov 24, 経済）
- Nikkei Hits 2-1/2 year Low （Nov 25, 経済）
- Facebook Plans IPO by June 2012 （Nov 30, 社会）

China Launches Shenzhou 8 Spacecraft

China launched the unmanned spacecraft Shenzhou 8 on Tuesday, taking the next step in its efforts to build its own manned space station by 2020. Nov 2, 2011

チェック！

□**launch** [lɔ́ːntʃ]　打ち上げる

□（**un**）**manned**　（無人の）有人の

□**take the next step**　次の一歩を踏み出す

対訳

「中国、宇宙船『神舟8号』打ち上げ」

中国は火曜日に無人宇宙船『神舟8号』を打ち上げ、2020年までに独自の有人宇宙ステーションを建設する取り組みに向けて、次の一歩を踏み出した。　2011年11月2日

訳出のポイント

- launchは英字新聞最頻出の重要動詞のひとつなので、再確認を。通常の記事では、事業や計画などを「開始する」、新製品などを「発売する」という意味で登場しますが、今日のように宇宙計画や航空事業などに関する話題の場合は、「打ち上げる」「飛び立たせる」の意味になります。launch a spacecraftで「宇宙船を打ち上げる」ということです。
- manはどんな英語初心者でも知っているはずの名詞で、「男」「男性」、そして「人」「人間」の意。しかし、このmanが動詞としても使われることは、ほとんど知られていないのではないでしょうか。動詞だと「人（要員）を配置する」「位置（任務）につく」などの意味になります。そこで、この動詞manの過去分詞が形容詞化したmannedは「人を配置した」→「有人の」。そして、さらに否定の接頭辞un-がついたunmannedだと「人を配置していない」→「無人の」ということです。
- 日本語でも「ステップ」といいますが、stepは「歩」「一歩」という意味の名詞。take a stepで「一歩進む」「一歩踏み出す」という表現になります。今日の場合は、ひねりがひとつ加わった言い方でtake the next step「次の一歩を踏み出す」ということです。このように、take a stepという基本形をモノにしておくと色々と応用ができます。いくつか例をあげておくと…take a big step「大きな一歩を踏み出す」。take another step「さらに一歩を踏み出す」という具合です。

Michael Jackson Doctor Found Guilty

Michael Jackson's personal physician, Dr Conrad Murray, was found guilty on Monday of the involuntary manslaughter of the pop superstar by a jury following a six-week trial in Los Angeles. Nov 9, 2011

チェック！

□（be）**found guilty**　有罪評決を言い渡される

□**personal physician**　専属医

□**involuntary manslaughter**　過失致死

□**jury** [dʒúəri]　陪審

□**trial** [tráiəl]　審理

対訳

「マイケル・ジャクソンさん専属医に有罪評決」

ポップ界のスーパースター、マイケル・ジャクソンさんの死をめぐって、ロサンゼルスで行われた6週間にわたる審理の末、陪審は月曜日、専属医のコンラッド・マーレー被告に過失致死の有罪評決をくだした。　2011年11月9日

訳出のポイント

- guiltyは「有罪の」「罪を犯した」という形容詞。find（人）guiltyで「（人を）有罪とする」という言い方になります。通常は、jury「陪審」が主語にきて、A jury found（人）guilty「陪審は（人）を有罪とした」→「陪審は（人に）有罪評決をくだした」のように使われます。今日の場合は受動態で登場しているので、被告にあたる（人）が主語になって（人）was found guilty by a jury「（人は）陪審によって有罪評決を言い渡された」ということです。ちなみに、juryとは米国の裁判で、12人の陪審員jurorから成る「陪審」あるいは「陪審員団」を指し、単数扱いになります。したがって、a juryのように単数不定冠詞がついているわけです。
- slaughterはもともと羊や牛などの動物を食肉用に殺すこと、「畜殺」という意味の名詞。ここから、manslaughterは「人を殺すこと」→「殺人」。法律用語としては、計画性のない事故殺人である「故殺罪」を指します。そしてinvoluntaryは「意図的な」という形容詞voluntaryの前に否定の接頭辞in-がついたものなので、「不本意の」「思わず知らずの」。したがってinvoluntary manslaughterで「非故意故殺」「過失致死」になります。
- スーパースター、マイケル・ジャクソンの急死をめぐり2年間続いた裁判の末、陪審は元専属医コンラッド・マーレー被告に過失致死の有罪評決をくだしたというニュースです。

Italy's Berlusconi to Resign as PM

Italian Prime Minister Silvio Berlusconi said Tuesday that he intends to step down after Parliament approves key austerity measures. Nov 10, 2011

チェック!

- □**resign** (= **step down**) [rizáin] 辞任する
- □**intend to** ～する意向だ
- □**Parliament** [pɑ́:*r*ləmənt] 国会
- □**austerity measures** 財政緊縮策

対訳

「ベルルスコーニ伊首相、辞任へ」

イタリアのシルヴィオ・ベルルスコーニ首相が火曜日、主要な財政緊縮策の国会通過を見届けた上で辞任する意向を示した。
2011年11月10日

訳出のポイント

- 動詞 resign、そして句動詞の step down は、どちらも「辞任する」「辞職する」の意で英字新聞頻出の最重要語です。ペアで再確認しておきましょう。resign as ～で「～の地位を辞職する」「～を辞任する」なので、今日のタイトルを直訳すると「イタリアのベルルスコーニ氏が首相を辞任へ」。対訳では簡潔に「ベルルスコーニ伊首相、辞任へ」としています。
- intend は「つもりである」「～を意図する」という動詞。通常 intend to V「～するつもりである」「～する意向がある」という形で登場します。そこで intend to step down で「辞任する意向がある」ということ。
- key は「鍵」という名詞ですが、ここから「鍵となる」「キーポイントとなる」→「重要な」「主要な」という形容詞としてもしばしば使われます。よって key austerity measures で「主要な財政緊縮策」。
- イタリアのベルルスコーニ首相は、1994 年の就任以来、女性問題や汚職疑惑などで何度も危機に直面しながらも、3 期目まで首相の座を維持してきました。今回は財政緊縮策をめぐって退陣を求める声が高まる中、事実上の信任投票と目された 2010 年度決算案の採決で、8 票差で賛成票は半数に届きませんでした。これを受けて、"不屈の首相" ベルルスコーニ氏も敗北を認める形で、同日夜に辞意が発表されたというニュース。イタリアは欧州第 3 位、世界では 8 位の経済大国ですが、債務残高が国内総生産（GDP）の 120％に達し、財政破綻という今にも爆発しそうな爆弾を抱えている情況です。

Fukushima Nuclear Plant Opened to Reporters

The Japanese government allowed reporters to visit inside the Fukushima Daiichi Nuclear Plant on Saturday for the first time since the March 11 earthquake and tsunami triggered the nuclear crisis.

Nov 14, 2011

チェック！

- □**reporters** [ripɔ́ːrtərz] 記者団
- □**allow** [əláu] 許す、許可する
- □**trigger** [trígər] ～を引き起こす

対訳

「福島原発、記者団に公開」

日本政府は土曜日、3月11日の地震と津波で原発危機が発生して以来、福島第一原発の敷地内へ記者団の立ち入りを初めて許可した。　2011年11月14日

訳出のポイント

- 動詞 open はドア・扉などを「開ける」「開く」。ここから、会議やイベントなどを「開催する」、事業などを「開業する」といった具合に、日本語でも広義に"開く"という語をあてるような表現を幅広くカバーする語となっています。今日のタイトルでは「公開する」の意となっています。
- allow は人が～するのを「許す」「許可する」という動詞。通常 allow（人）to V「（人）が V するのを許す」という形で登場します。ここでは、allowed reporters to visit inside the Fukushima Daiichi Nuclear Plant なので「記者団が福島第一原発の内部を訪れるのを許した」→「福島第一原発の敷地内へ記者団が立ち入ることを許可した」ということです。
- for the first time はおなじみの表現で「初めて」という意味ですが、今日はもう一歩進んで、for the first time since ～という形で確認しておきましょう。since は「～以来」という前置詞でもあり、「～して以来」という接続詞でもあります。つまり、前置詞として使う場合は…for the first time since the March 11 earthquake and tsunami「3月11日の地震と津波以来初めて」…という具合に、since の後には名詞がきます。そして、今日のように接続詞 since として用いると…for the first time since the March 11 earthquake and tsunami triggered the nuclear crisis「3月11日の地震と津波が原発危機を引き起こして以来初めて」…のように since の後には S（主語）＋ V（動詞）という完璧な文の形（＝文節）が来るわけです。

Japan's K Computer Defends Top Spot on Supercomputer List

The reigning champion, Japan's K Computer, defended the top spot on the biannual list of the world's Top 500 fastest supercomputers, published on Monday. Nov 16, 2011

チェック！

- □**defend the top spot**　首位を守る
- □**reigning champion**　現チャンピオン
- □**biannual** [bàiǽnjuəl]　年に2回の
- □**publish** [pʌ́bliʃ]　公表する

対訳

「日本の『京』、スパコン・ランキングで首位維持」

月曜日に公表された、年2回の世界最速スーパーコンピューター・ランキング『Top 500』で、現チャンピオンだった日本の『京』が世界一の座を守った。 2011年11月16日

訳出のポイント

- spot は「位置」「順位」の意で、top spot は「一番上の順位」→「首位」ということです。そして、defend が「守る」「防御する」という動詞なので、defend the top spot で「首位を守る」「首位を維持する」。「支配する」「君臨する」という動詞 reign の現在分詞が形容詞化した reigning は「優勢な」「支配的な」の意。とくに、スポーツや競技などでは「君臨している」→「タイトルを保持している」という意味で使われます。そこで、reigning champion で「タイトルを保持しているチャンピオン」→「現チャンピオン」ということです。
- 動詞 publish は、「公の」という意味でおなじみの形容詞 public と語源を同じとし、もともとは「公にする」の意です。ここから書籍などを「出版する」という意味で広く使われる語となっていますが、もともとの意味により近い「(正式に) 発表する」「公表する」という使い方もされるので注意しておきましょう。
- 日本の独立行政法人理化学研究所と富士通が共同開発を進める『京』。2009年の事業仕分けの際に、民主党の蓮舫参議院議員 (現・行政刷新相) が「なぜ世界1位を目指すのか。2位ではだめなのか」と質問して注目を浴びたあのスーパーコンピューターです。今日は、そのスパコン『京』が第38回世界スパコン・ランキングで世界最速の座を守ったというニュース。前回 (2011年6月) のランキングでは、システム構築の途中でありながら、一部を稼働させて国産スパコンとしては7年ぶりのランキング・トップに躍り出た。

Japan's Soil Contamination from Fukushima Nuclear Accident

New research by international scientists showed the first comprehensive estimates of soil contamination across Japan after the nuclear accident in March.

Nov 17, 2011

チェック！

☐**soil contamination**　**土壌汚染**

☐**comprehensive estimates**　**総合的推定**

対訳

「福島原発事故による日本の土壌汚染」

国際科学者チームによる新研究によって、3月に起きた原発事故後の日本全国の土壌汚染について、初の総合的推定が示された。 2011年11月17日

訳出のポイント

- contamination は「～を汚す」「～を汚染する」という動詞 contaminate の名詞形で「汚すこと」「汚染」。とくに放射能や毒物などによる「汚染」の意で使われる語です。そして、soil が「土」「土地」「土壌」という名詞なので、soil contamination で「土壌汚染」ということです。
- comprehensive は「多くのものを含む」という意味の形容詞。日本語では「広範囲な」「包括的な」「総合的な」といった語にあたります。そこで、comprehensive estimates で「総合的な推定」。
- across は「横切って」「横断して」の意ですが、ここから「～の至るところで」「～の全域で」という意味でも頻出です。今日の場合は across Japan で「日本全域で」→「日本全国で」ということです。
- 福島第一原発の事故で放出された放射性物質セシウム137（cesium 137）による日本全国の土壌汚染状況を推定した世界初の論文が発表されました。この研究は、過去の気象データをもとにした粒子飛散シミュレーションと全国での観測数値をもとに、福島第一原子力発電所事故による汚染度を見積もったもの。研究によると、セシウムは北日本から東日本にかけての広い範囲で土壌に沈着したとみられ、福島県のほぼ全域、とくに福島第一原発の北西にあたる地域では高い汚染が推定されました。セシウム137は半減期が約30年と長く、長期にわたって環境に留まるため、農業などへの重大な影響が懸念されるところです。

Hawks Win Japan Series

The Softbank Hawks won the Japan Series, shutting out the Chunichi Dragons 3–0 in the seventh game in Fukuoka Sunday night. Nov 22, 2011

チェック！

□**shut out**　完封する

対訳

「ホークス、日本シリーズ制す」

日曜夜に福岡で行われた日本シリーズ第7戦、ソフトバンク・ホークスが中日ドラゴンズを3-0で完封し、シリーズ優勝を決めた。

2011年11月22日

訳出のポイント

- 今日はプロ野球のニュースなので、まずチーム名について確認しておきましょう。今回登場している Hawks や Dragons のように、スポーツなどのチーム名は通常英語では名詞の複数形を用います。というのは、チームですから当然メンバーは複数います。そのメンバーの一人一人が hawk「鷹（タカ）」であり、dragon「龍」であると考えるわけです。ですから、Hawks とは“勇猛な鷹の集団”を意味します。ここで気をつけたいのは、これらのチーム名は、ひとつのチームを指すにもかかわらず、複数扱いになることです。そこで、今日のタイトルでも Hawks win Japan Series と複数形の主語として動詞を取っています。
- shut out はもともと「～を…から締め出す」「追放する」という意味の句動詞。米国では、スポーツ用語として「～を完封する」「～を零敗させる」の意味でも使われています。したがって、shutting out the Chunichi Dragons 3-0 で「中日ドラゴンズを3-0で完封し」ということです。
- ソフトバンク・ホークスが8年ぶりの日本一に輝いたニュースです。ホークスはリーグ戦で全球団に勝ち越す『完全優勝』を果たし、日本シリーズも圧倒的に有利と予想されていました。しかし、ふたを開けてみれば、今季で退任が決まっている落合監督の下で団結した中日ドラゴンズが粘りを見せ、最後までホークスを苦しめる展開となりました。

Japan's TSE and OSE to Merge

The Tokyo Stock Exchange (TSE) and the Osaka Securities Exchange (OSE) announced on Monday that they will merge by January 2013 to face slowing market conditions in Japan and intensifying global competitions.

Nov 24, 2011

チェック！

□**merge** [mə́ːrdʒ]　統合する

□**slowing market conditions**　市況の減速

□**intensifying global competition**　国際競争の激化

対訳

「東証と大証が統合へ」

東京証券取引所（東証）と大阪証券取引所（大証）は月曜日、日本国内の市況減速および国際競争の激化に対抗するために、2013年1月までに統合することを発表した。

2011年11月24日

訳出のポイント

- mergeは会社などが「統合する」「合併する」という意味の動詞。TSEはTokyo Stock Exchange「東京証券取引所」、OSEはOsaka Securities Exchange「大阪証券取引所」の略。日本語では「東証」「大証」と略されるので、対訳ではこちらを用いました。
- stockは「株」「株券」という名詞としてよく知られていると思いますが、securityは通常複数形のsecuritiesで「証券」の意味になります。そこで、stock exchangeとsecurities exchangeは、どちらも「証券（株式）取引所」。
- market conditionsは直訳すると「市場の状況」で、日本語の「市況」にあたる言い方です。slowing market conditionsは「減速する市況」→「市況減速」ということ。同様に、global competitionsは「国際競争」でintensifyingは「激しくなる」なので、intensifying global competitionsは「激しくなる国際競争」→「国際競争の激化」。両者はともに「～に直面する」「～に取り組む」「～に立ち向かう」という動詞faceの目的語になっています。したがって、to face以下は「日本国内の市況減速および国際競争の激化に対抗するために」ということです。
- 国際取引所連合のデータによると、東証と大証の統合後の新会社に上場する企業の株式時価総額は3兆6000億ドル（約277兆円）で、ロンドン証券取引所を抜き、NYSEユーロネクストとナスダックOMXに次ぐ世界第3位の規模となります。

Nikkei Hits 2-1/2 year Low

The Nikkei Average continued to fall on Thursday to close at 8,165, the lowest since March 2009, as concerns over weak German bond sales and the European debt crisis mounted.

Nov 25, 2011

チェック！

- □**Nikkei Average**　日経平均株価
- □**bond** [bάnd]　国債
- □**debt crisis**　債務危機
- □**mount** [máunt]　高まる

対訳

「日経平均、2年半ぶりの安値」

ドイツ国債販売の不調や欧州債務危機に対する懸念が高まる中、日経平均株価は木曜日に続落し、終値は2009年3月以来の最安値で8165円をつけた。　2011年11月25日

訳出のポイント

- continue to fall は直訳すると「下がり続ける」。株価などが「続落する」にあたる言い方です。
- close は「閉じる」「終わる」などの意の基本動詞ですが、英字新聞では株式市場が「大引けになる」という意味でしばしば登場するので、確認しておきましょう。close at ～で「～で大引けになる」→「終値～をつける」ということです。
- 文の後半、カンマ以下は構造がややわかりづらいかもしれません。形としては、S + V という単純なものですが、V（動詞）は文末の mount で、その前はすべてが S（主語）になっています。つまり、【concerns over weak German bond sales and the European debt crisis】mounted のように【　】の部分が主語ということです。concerns over ～は「～に対する懸念」なので、この部分は「ドイツ国債販売の不調や欧州債務危機に対する懸念」。V にあたる動詞 mount はもともと山などに「登る」、馬などに「乗る」の意。ここから、数量や程度が「増す」「高まる」という意味にもなります。とくに、fear「恐怖」、concern「懸念」などが「高まる」「増大する」という文脈でよく使われる語となっています。
- 日経平均株価が4日続落で、2009年3月31日以来の8100円台となりました。前日の欧州市場は、信用力が高いドイツの国債入札で資金が集まらないという異例の事態を受けて、そろって急落。米ニューヨーク株式市場も、金融株などが大きく売られ大幅急落しました。

Facebook Plans IPO by June 2012

Social networking giant Facebook Inc is planning to go public between April and June in 2012, seeking to raise as much as $100 billion, The Wall Street Journal reported on Monday.

Nov 30, 2011

チェック！

☐**IPO**（**initial public offering**）　新規株式公開

☐**go public**　株式を公開する

☐**raise** [réiz]　（資金を）調達する

対訳

「フェイスブック、2012年6月までにIPO実施へ」

ソーシャルネットワーク大手のフェイスブックは、2012年4月—6月に新規株式公開を実施し、最大1000億ドルの調達を目指す計画だという。ウォール・ストリート・ジャーナルが月曜日に報じた。 2011年11月30日

訳出のポイント

- IPOは「initial（最初の）public（公開の）offering（売り出し）」の略で、日本語では「新規株式公開」といいます。未上場企業が新規に株式を証券取引所に上場することを意味します。それまでは特定の個人・法人が株式を保有し自由な流通ができない状態（未公開・未上場）から、不特定多数の投資家が参加する市場で株式の売買が自由に行われる状態にするわけです。go publicという言い方も、直訳すると「公にする」ですが、企業が「株式を公開する」の意でよく使われる表現となっています。
- seekは「探し求める」「模索する」という動詞。ここではseek to V「～しようと努める」「～しようと試みる」という形になっています。
- raiseはもともと「立たせる」「上げる」という動詞。団体・組織などが資金・料金を「上げる」、資金を「調達する」という意味でよく登場する語となっています。
- as much as～は「～と同じくらいに」→「最大～」という言い方。そこで、seeking to raise as much as$100 billionで「最大1000億ドルの調達を目指す」ということです。
- 世界で約8億人のユーザーを抱えるフェイスブック。新規株式公開を計画中だという報道も繰り返しメディアに登場してきました。今回WSJは、関係筋の話として、FBは年明けにも証券取引委員会（Securities and Exchange Commission）への申請を行い、4月から6月の間の上場を計画していると報じています。

チャレンジコラム⑧

英語力を向上させるのに一番大切なこと

英語力を向上させる一番大切な姿勢はなにか、と問われれば積極的であること、積極的に英語で話しかけること、でしょう。

今は解説者として活躍している元巨人軍のピッチャー、桑田真澄氏が2006年、ピッツバーグ・パイレーツとマイナー契約したとき、現地のメディアをうならせたのはその投手力もさることながら、完璧な英語だったという。会見でもっと英語力を伸ばしたいとコメントしたら、メディアから「今のままで十分だ」と言われたとか。

キャンプの際も通訳を一切付けず、コーチや同僚と会話し、メディアの取材にも英語で受け答えした。そもそも彼は巨人軍にいた20歳の頃から外国人選手を見つけると、積極的に英語で話しかけ、逆に自分に話しかける場合は日本語を使わないでくれと頼んでいたそうです。

女子ゴルフの宮里藍も同じようなところがあり、日本ツアーでまわる英語をネイティブとする選手を見つけたら積極的に話しかけていった。だから宮里藍ほど海外プレーヤーの友達が多く、現地に溶け込んでいる日本人選手はいない。

英語を学ぶ、すなわち、外国人とコミュニケーションをするというのは、社交性・対人能力を高める以外の何ものでもありません。

December, 2011

2011 年 12 月

- Global Stocks Up on Central Banks'Measures（Dec 2, 国際）
- Does NASA Discover "Second Earth"？（Dec 7, 科学）
- Saori Yuki Performs Triumphant Show in Tokyo（Dec 8, 芸能）
- Entire Olympus Board to Quit（Dec 9, 社会）
- North Korean Leader Kim Jong-il Dead（Dec 20, 国際）
- Contents of Michael Jackson Mansion Fetches $1 million（Dec 21, 芸能）
- Rangers Win Negotiation Rights for Darvish（Dec 22, スポーツ）
- Missing Girl Reunites with Family after 2004 Tsunami（Dec 26, 社会）
- Japan to Buy Chinese Government Bonds（Dec 27, 経済）
- Japan to Ease Ban on Arms Exports（Dec 28, 政治）

Global Stocks Up on Central Banks' Measures

Following the US and European markets, Asian stocks surged Thursday on the news that major central banks agreed to lower interest rates for dollar loans to support the global financial system.

Dec 2, 2011

チェック!

☐**measures** [méʒərz] 方策

☐**following** [fálouiŋ] ～に続いて

☐**surge** [sə́:rdʒ] 急騰する

☐**lower interest rates for dollar loans** ドル資金融資の金利を引き下げる

対訳

「中央銀行の方策を受け、世界市場で上昇」

国際金融システムを支援するために、主要中央銀行がドル資金融資の金利を引き下げることに合意したというニュースを受けて、欧米市場に続きアジア市場も木曜日に急騰した。

2011年12月2日

訳出のポイント

- central bank「中央銀行」は、国家や国家的地域などにおいて金融機構の中核となる機関。銀行券（＝通貨）を発行し、市中銀行に資金を貸し出す業務などを行います。日本では「日本銀行」、米国ではUS Federal Reserve Board「米連邦準備制度理事会」がこれにあたります。そこで、今日のタイトルのcentral banks'measuresは、今回、米・英・日・カナダ・欧州・スイスという世界の主要6中央銀行が打ち出した欧州債務危機への方策を指しています。この方策の具体的な内容（の一部）は、本文の後半to lower interest rates for dollar loans to support the global financial systemで説明されています。lowerはlow「低い」という形容詞の動詞形で「低くする」「下げる」。英字新聞ではlower interest rates「金利を引き下げる」という表現でよく登場します。loanは日本語の「ローン」の語源で、「貸付金」「融資」という名詞。したがってlower interest rates for dollar loansで「ドル資金融資の金利を引き下げる」となります。
- 各中央銀行が市中銀行へ貸し出すドル融資の金利を12月5日より0.5％引き下げることに同意したため、債務に苦しむ欧州の市中銀行はドル融資を受けやすくなるというわけです。これは、文末にあるようにto support the global financial system「国際金融システムを支援するために」というのがねらいです。つまり、欧州債務危機が世界金融危機へと拡大するのを防ぐための方策といえます。

Does NASA Discover "Second Earth"?

NASA astronomers on Monday reported the discovery of a Goldilocks planet outside of the solar system.

Dec 7, 2011

チェック！

☐**astronomer** [əstrάnəmər]　天文学者

☐**Goldilocks planet**　生命居住可能な惑星

☐**solar system**　太陽系

対訳

「NASA が『第 2 の地球』発見か？」

米航空宇宙局の天文学者らが月曜日、太陽系外に生命居住可能な惑星を発見したと報告した。　2011年12月 7 日

訳出のポイント

- 米国の政府機関である NASA は日本語にもしっかり浸透していますが、正式名称も確認しておきましょう。英語の正式名称は National Aeronautics and Space Administration で日本語では「航空宇宙局」となります。
- 『3 匹のクマ』という童話は、きっとご存知の方も多いのではないでしょうか。女の子が森でクマの家を見つける。テーブルの上にお粥が置いてあった。1 つ目のお粥は「熱すぎる」。2 つ目のお粥は「冷たすぎる」。3 つ目のは「ちょうどよい」ので、全部食べてしまった。同様に、3 脚ある椅子に順番に座ると、3 番目の椅子が硬すぎず柔らかすぎず「ちょうどいい」。そして寝室には 3 つのベッドが…という具合に続く有名なイギリスの童話です。実は、この童話の主人公である金髪の女の子の名前が Goldilocks。童話の題名も日本語では『3 匹のクマ』といいますが、英語では Goldilocks and the Three Bears「ゴルディロックスと 3 匹のクマ」が一般的です。ここから、ゴルディロックスが熱すぎず、冷たすぎない、ちょうどよい温度の粥を好んだように、景気が過熱もせず、さりとて冷え込んでもいない、ほどよい加減の経済を指して、Goldilocks economy「ゴルディロックス経済」といいます。また、天文学においては、恒星（太陽）から近すぎず、遠すぎず、つまり暑すぎず、寒すぎず、生命の生息に適当な範囲の温度に収まっている惑星のことを Goldilocks planet「ゴルディロックス惑星」と呼んでいます。日本語では「生命居住可能惑星」ともいわれます。

Saori Yuki Performs Triumphant Show in Tokyo

Japanese veteran singer Saori Yuki performed a triumphant live show in Tokyo on Monday after her Japanese oldies album collaborating with popular US jazz band Pink Martini became a big hit in North America and Europe.

Dec 8, 2011

チェック！

□**triumphant（live）show**　凱旋ライブ

□**（be）collaborated with**　～とコラボする

対訳

「由紀さおり、東京で凱旋ライブ」

米人気ジャズ・バンドのピンク・マルティーニとコラボした日本語のオールディーズ・アルバムが、北アメリカや欧州で大ヒットしたベテラン日本人歌手の由紀さおりが、月曜日に東京で凱旋ライブを行った。　2011年12月8日

訳出のポイント

- triumph は「勝利」「征服」という意味の名詞。意味的には victory に非常に近いのですが、より堅い語で意味も強くなっています。日本語では「決定的な勝利」「大成功」あるいは「凱旋」などの訳があてられます。triumphant はその形容詞形で「勝利を収めた」「成功した」。今日は triumphant live show で「凱旋ライブ」、perform a triumphant live show で「凱旋ライブを行う」となっています。
- oldie は「昔はやった映画」や「昔はやった歌」を意味する俗語。日本語でも「オールディーズ」ともいいますが、ようするに「なつメロ」にあたる英語になります。
- collaborate は「協力する」「共同する」という動詞ですが、日本語でもすでに「コラボする」で通じるかもしれませんね。本日の文章では、album と collaborated with の間に in which she が省略されていると考えると解釈しやすくなります。つまり、after her Japanese album（in which she）collaborated with popular US jazz band Pink Martini became a big hit in North America and Eurpe「その中で彼女（由紀さおり）が米人気ジャズ・バンドのピンク・マルティーニとコラボした日本語のオールディーズ・アルバム」→「米人気ジャズ・バンドのピンク・マルティーニとコラボした日本語のオールディーズ・アルバム」ということです。

Entire Olympus Board to Quit

The entire board of Japanese camera maker Olympus expressed its intention to quit, possibly as early as February, over a ¥130 billion accounting fraud.

Dec 9, 2011

チェック！

□**entire** [entáiə*r*]　全体の

□**board** [bɔ́ːrd]　取締役会

□**quit** [kwít]　退陣する

□**express one's intention to V**　～する意向を表明する

□**accounting fraud**　不正会計

対訳

「オリンパス、取締役会が総退陣へ」

日本のカメラメーカー、オリンパスが、1300億円の不正会計をめぐって、取締役会が早ければ2月にも総退陣する意向を表明した。 2011年12月9日

訳出のポイント

- board は会社・政府などにおいて意思決定を行う組織としての「理事会」「役員会」「取締役会」「委員会」を意味する名詞。
- quit は英字新聞でも頻出の重要動詞で「辞める」の意。resign および step down とともに「辞職する」「辞任する」「退任する」の意味で非常によく登場する語なので、しっかり再確認しておきましょう。そして、entire は「全体の」「すべての」という形容詞なので、今日のタイトルを直訳すると「すべてのオリンパスの取締役会が退陣する」→「オリンパス、取締役会が総退陣へ」ということです。
- 「表現する」「表明する」という動詞 express と「意思」「意向」という名詞 intention が組み合わさった express one's intention to V は「〜する意向を表明する」という言い方。
- possibly as early as February の部分は、直訳すると「もしかすると早くも2月には」→「早ければ2月にも」。
- fraud の語源は「詐欺」という意味のラテン語 fraudem。ここから「詐欺（行為）」「不正（手段）」という意味で広く使われる語となっています。accounting fraud で「不正会計」です。
- オリンパスの損失隠し問題は海外でも大きく報じられています。今回第三者委員会の調査報告を受けて、高山社長が「現在の役員は、決算訂正など当面の危機対応にめどをつけた上で交代する」と、次期株主総会で総退陣する方針を表明しました。

North Korean Leader Kim Jong-il Dead

North Korean leader Kim Jong-il died of a heart attack while on a train trip to visit an area outside Pyongyang, state-run television announced on Monday.

Dec 20, 2011

チェック！

☐**heart attack**　心臓発作

☐**state-run television**　国営テレビ

対訳

「北朝鮮、金正日総書記が死去」

北朝鮮の金正日総書記が、平壌から離れた地域を視察する途中の列車内で心臓発作のため死去した、と国営テレビが月曜日に伝えた。 2011年12月20日

訳出のポイント

- die は「死ぬ」「死去する」という動詞。die of ～という形で「～で死去する」「～のために死ぬ」のように、死因を表す言い方になります。attack は日本語でも「アタック」というように、「攻撃」「襲撃」という名詞ですが、医学用語では病気の「発病」や「発作」の意味になるので注意しておきましょう。ここでは heart attack は「心臓発作」、died of a heart attack で「心臓発作で死去した」ということです。
- train trip は「列車の旅」「鉄道の旅」。そこで、while on a train trip to visit an area outside Pyongyang は「平壌から離れた地域を視察する列車の旅の最中に」→「平壌から離れた地域を視察する途中の列車内で」となります。
- 誰でも知っている基本動詞 run ですが、おなじみの「走る」の他にも様々な意味で使われます。その中でも「運営する」「経営する」は重要なので、しっかり押さえておきましょう。この用法を踏まえると state-run の「国が運営する」「国の経営による」→「国営の」という意味もわかりやすくなると思います。したがって state-run television で「国営テレビ」ということです。
- 北朝鮮国営の朝鮮中央テレビは、金正日朝鮮労働党総書記（69歳）が17日に「現地視察中に、精神・肉体の過労によって心臓発作（心筋梗塞）を起こし、列車内で急死した」と伝えました。1997年以来17年間にわたり独裁体制を敷いてきた金正日総書記亡き後は、三男で党中央軍事委員会副委員長の正恩氏が権力を継承するとみられますが、後継体制の整備が完了していたとは思われません。

Contents of Michael Jackson Mansion Fetches $1 million

The contents of the mansion where Michael Jackson lived before he died went under the hammer and fetched almost a total of $1 million. Dec 21, 2011

チェック！

□**content** [kántent] 中身

□**mansion** [mǽnʃən] 邸宅、屋敷

□**go under the hammer** 競売にかけられる

対訳

「マイケル・ジャクソン邸の中身が、100万ドルで落札」

マイケル・ジャクソンさんが亡くなる前に住んでいた邸宅に置かれていたものが競売にかけられ、落札総額は100万ドル（約7800万円）近くにのぼった。　2011年12月21日

訳出のポイント

- contentは元来「含まれるもの」の意。ここから、容器などの「中身」「内容物」、文書などの「内容」といった意味の名詞になっています。ここでは、contents of Michael Jackson mansionなので「マイケル・ジャクソンの家の中身」→「マイケル・ジャクソン邸に置かれていたもの」ということです。具体的には、furniture「家具」、ornament「装飾品」、painting「絵画」などMJが最期の数ヶ月を過ごしたビバリーヒルズの邸宅に置かれていたものが競売にかけられたというニュースです。
- 英語のmansionは日本語の「マンション」とは異なり、通常は豪華な「大邸宅」「館」「屋敷」を意味する語です。「マンション」にあたる英語はcondominium（building）あるいは略してcondoなので注意してください。
- go under the hammerのhammerは「ハンマー」「槌（つち）」。この表現では、オークションの際に競売人が使う「木槌」を意味しています。オークションでは、落札額が確定した瞬間に競売人が木槌を振りおろして“Sold!”「落札！」と叫ぶのが伝統となっているためです。

Rangers Win Negotiation Rights for Darvish

The Texas Rangers have won the rights to negotiate exclusively with Japanese pitching ace Yu Darvish with a record-setting bid of $51.7 million.

Dec 22, 2011

チェック！

- □**negotiation rights**　交渉権
- □**negotiate exclusively**　独占交渉する
- □**pitching ace**　エース投手
- □**a record-setting bid**　過去最高の落札額

対訳

「レンジャーズ、ダルビッシュの交渉権獲得」

テキサス・レンジャーズが、過去最高落札額の5170万ドル（約40億3300万円）で日本のエース投手ダルビッシュ有選手との独占交渉権を獲得した。　2011年12月22日

訳出のポイント

- ここでは複数形で使われていますが、right は「権利」「利権」という名詞。negotiation が「交渉」なので、negotiation rights で「交渉権」です。また、本文で登場している negotiate はこの negotiation の動詞形で「交渉する」「協議する」。したがって、the rights to negotiate exclusively with ～は「～と独占的に交渉する権利」→「～との独占交渉権」となります。
- record-setting は set a record「記録を打ち立てる」「記録を更新する」という表現から派生した形容詞で「記録的な」「新記録の」。record-breaking も、「記録破りの」→「新記録の」という意味でしばしば使われるので、あわせて確認しておきましょう。ここでは a record-setting bid で米大リーグ入札制度の話題なので、「新記録の落札額」→「過去最高の落札額」ということになります。
- 日本でも米国でも注目されていたダルビッシュとの独占交渉権、ふたを開けてみると、獲得したのはテキサス・レンジャーズでした。報道によると、落札額はこれまで最高とされていた松坂大輔の5110万ドルを上回る5170万ドル（約40億3300万円）。落札後には30日間の交渉期間が設けられ、レンジャーズ側とダルビッシュ側の交渉が始まります。はたして、2012年1月18日午後5時（現地）の期限までに交渉はまとまるでしょうか。

Missing Girl Reunites with Family after 2004 Tsunami

An Indonesian girl separated from her family during the 2004 tsunami has been reunited with her parents after seven years living as a street child.

Dec 26, 2011

チェック!

□**reunite** [rijunáit]　再会する

□（**be**）**separate from**　～と離ればなれになる

□**street child**　ストリートチャイルド（路上で暮らす子供）

対訳

「2004年の津波で行方不明の少女、家族と再会」

2004年の津波の際に家族と離ればなれになり、7年間ストリートチャイルドとして過ごしたインドネシアの少女が、両親と再会を果たした。 2011年12月26日

訳出のポイント

- reunite は「結合する」「一緒になる」という動詞 unite の前に「再び」という意味の接頭辞 re- がついたもので、「再び一緒になる」→「再会する」。reunites with（her）family で「家族と再会する」ということです。
- separate は「離す」「分ける」という動詞。ここでは、受動態の be separated from ～「～から離される」→「～と離ればなれになる」という形で使われています。そこで、an Indonesian girl separated from her family で「家族と離ればなれになったインドネシアの少女」となります。
- 日本語では「ストリートチルドレン」という言葉が定着していますが、これは street child の複数形の street children が語源です。つまり「路上で暮らす子供たち」を意味します。今日は津波で家族と離ればなれになった1人の少女が"路上で暮らす子供"として7年間過ごしていた、という内容なので、street child と単数形で登場しているわけです。
- 2004年12月26日に発生したスマトラ沖地震による巨大津波では、22万人以上の犠牲者が出ました。このときに行方不明になっていた当時7歳の少女が7年ぶりに家族との再会を果たしたというニュースです。14歳になったメリさんには、津波のときの記憶はなく、気がついたときには家族と暮らしていたムラボから約260キロも離れたバンダアチェにいたそうです。他人のもとで7年間にわたり物乞いをさせられていたメリさんは、1週間前にようやく逃げだし、バスに乗ることができました。

Japan to Buy Chinese Government Bonds

Japan will begin procedures to purchase Chinese government bonds, the Japanese government said after Prime Minister Yoshihiko Noda held talks with Chinese Premier Wen Jiabao in Beijing on Sunday.

Dec 27, 2011

チェック!

- □**government bonds**　国債
- □**procedure** [prəsíːdʒər]　手続き
- □**purchase** [pə́ːrtʃəs]　購入する
- □**hold talks**　会談する

対訳

「日本、中国国債購入へ」

日本が中国国債購入の手続きを開始する。日曜日に北京で行われた野田佳彦首相と中国の温家宝首相との会談後、日本政府が発表した。　2011年12月27日

訳出のポイント

- bond は「債務証書」「公債」「債券」。通常複数形で用いられ、government bonds で「政府が発行する債券」→「国債」です。
- procedure は「手順」「手続き」「手段」など様々な意味で使われる重要語。ここでは begin procedures to ～「～するための手続きを開始する」という言い方になっています。purchase はおなじみの動詞 buy と同意ですが、buy が日本語の「買う」ならば、purchase は「購入する」というニュアンスです。したがって、procedures to purchase Chinese government bonds で「中国国債を購入するための手続き」となります。
- talk は「話をする」という動詞として一般的に知られていますが、「話をすること」「話のやりとり」「会話」という名詞としてもよく使われるので注意しましょう。日常会話で Let's have a talk. というと「話をしよう」「話がある」という意味合いになります。そして、個人レベルだけでなく正式な会話、公人同士の会話、すなわち「会談」「会議」「交渉」「折衝」といった意味でも頻出です。そこで hold talks は「会談を持つ」「会談する」。hold talks with ～で「～と会談する」ということになります。
- 今回の野田首相と中国の温家宝首相の会談では、両国の国際金融市場での協力関係を強化し、外国為替市場で円と人民元の直接取引を拡大させることなどに合意しました。そして、日本政府による中国国債購入に向けての合意もなされたというニュースです。

Japan to Ease Ban on Arms Exports

The Japanese government decided to ease a four-decade self-imposed ban on weapons exports, the Chief Cabinet Secretary announced on Tuesday.

Dec 28, 2011

チェック！

□**ease** [í:z]　緩和する

□**ban on arms（weapons）exports**　武器輸出禁止

□**self-imposed** [sélf impóuz]　自ら課した、自主的な

□**Chief Cabinet Secretary**　［日本］内閣官房長官

対訳

「日本、武器輸出禁止の緩和へ」

日本政府は40年にわたる自主的な武器輸出禁止の緩和を決定した。火曜日に内閣官房長官が発表した。

2011年12月28日

訳出のポイント

- easeは「たやすい」「簡単な」「心地よい」などの意でおなじみの形容詞easyの名詞形・動詞形です。今日の場合は「和らげる」「緩和する」という動詞として登場しています。
- banは英字新聞頻出の重要語で「禁止」「禁止令」。「～の禁止」という場合、必ず前置詞onを用いてban on ～となるので、この形で覚えておくとよいでしょう。armは「腕」という名詞ですが、英字新聞では「武器」の意味で頻出。つまりweaponと同意です。したがって、タイトルのban on arms exports、本文のban on weapons exportsはともに「武器輸出禁止」となります。
- imposeは「無理強いする」「課す」という動詞。impose a banで「禁止令を課す」→「禁止する」という表現です。したがってself-imposedは「自ら（に）課した」「自主的な」。日本では“武器輸出三原則”と呼ばれますが、英語のメディアは直接的にban on arms（weapons）exports「武器輸出禁止」と表現しています。
- 1967年の発表以来40年（four decades）以上守られてきたこの3原則。初の抜本的緩和を日本政府が決定したというニュースです。これによって…（1）平和貢献・国際協力に伴う（防衛）装備品の海外移転（他国への供与）（2）日本と安全保障協力がある国との間で、日本の安全保障に資する国際共同開発・生産が可能となります。

チャレンジコラム⑨

真の国際人とは？

最近海外で活躍する日本人スポーツ選手がどんどん増えてます。女子フィギュアスケートの安藤美姫や村主章枝は素晴らしい英語を話します。浅田真央もすごく上手くなってます。サッカーでは中田英寿をはじめ、現地の言葉を習得する選手が多いですね。ゴルフでは石川遼も上手くなりました。ただその一方で必ず通訳をつけてインタビューを受ける選手を見る機会も多く、すこしガッカリします。

もっとスポーツ選手が子どもの頃からしっかり英語力を身につけていれば、さらにたくさんの日本人が世界で活躍してたんだろうなと思います。世界という舞台では公用語は英語です。

世界のフィールドで脚光を浴びるその陰で、コツコツとイタリア語を習った中田英寿は2年半でペラペラになったそうです。彼は、英語も流暢に話すし、さらに英語、イタリア語だけではなく、スペイン語、ポルトガル語も日常会話程度は話すことができるそうです。ロシアのサッカーチームと契約している本田圭佑と行われた対談では突然ロシア語で話し出し、本田の度肝を抜いたとのこと。

イタリアで行われた共同記者会見では、日本語で質問する記者に、「ここでは英語で質問すること」として日本語でのインタビューを禁止したといいます。というのは日本語を理解できない他の外国人記者には内緒話のように聞こえるからだそうです。これぞ真の国際人です。

January,2012

2012 年 1 月

- Picasso Painting Stolen from Athens'National Gallery（Jan 11, 国際）
- Romney Wins in New Hampshire Primary（Jan 12, 国際）
- Beethoven's Handwritten Letter Discovered（Jan 13, 国際）
- South Korean Newlyweds Rescued from Italian Cruise Ship（Jan 16, 国際）
- "The Artist"and "The Descendants"Win Best Film Awards at Golden Globe（Jan 17, 芸能）
- Wikipedia to Shut Down for 24 Hours（Jan 18, 社会）
- World Bank Slashes Economic Growth Forecasts（Jan 19, 経済）
- Olympus Shares Surge after Delisting Avoided（Jan 24, 経済）
- Big Quake Likely to Strike Tokyo by 2016（Jan 25, 社会）
- Japan Posts First Trade Deficit in 31 Years（Jan 26, 経済）

Picasso Painting Stolen from Athens'National Gallery

A Pablo Picasso painting, given to Greece by the artist himself, was stolen from Athens'National Gallery early Monday with two other valuable art works.

Jan 11, 2012

チェック！

□**national gallery**　国立美術館
□**valuable** [vǽljəbl]　高価な
□**art work**　芸術作品

対訳

「ピカソの絵画、アテネ国立美術館から盗まれる」

月曜早朝、パブロ・ピカソ自身がギリシャへ贈った絵画が、別の高価な芸術作品2点とともにアテネ国立美術館から盗まれた。　2012年1月11日

訳出のポイント

- gallery「ギャラリー」は「画廊」の意味としてよく知られていますが、とくに英国では「美術館」(=〔art〕museum) の意味で使われます。そこで national gallery は「国立美術館」ということです。
- stolen は「盗む」という動詞 steal の過去分詞。タイトルでは Picasso Painting (is) Stolen from Athens'National Gallery のように、( ) 内の be 動詞が省略されていますが、受動態の be stolen で「盗まれる」です。
- valuable は「価値」「値段」という名詞 value の後に「〜を持った」の意の接尾辞 -able がついたもの。つまり「(高い) 価値を持った」→「高価な」「貴重な」という形容詞になります。
- work は「働く」という動詞、あるいは「労働」「仕事」という名詞として誰でも知っている基本単語。名詞の場合には、芸術などの「作品」「著作」「出版物」などの意味でもよく使われるので注意しておきましょう。そこで art work (s) で「芸術作品」ということです。
- 今回盗まれたのは、1939年のピカソの絵画で "Woman's Head"「女の頭部」と名付けられている作品。第二次世界大戦中にナチスドイツに抵抗したギリシャ国民に対して "敬意を表する" として、1949年にピカソ本人から贈られたものだそうです。報道によると、事件があった月曜日は3日間のストの最中で警備体制が手薄だったとのこと。ピカソの作品以外には、オランダの画家モンドリアンの絵画とイタリアの画家カッチアのスケッチの2点が盗まれました。

Romney Wins in New Hampshire Primary

Republican presidential hopeful Mitt Romney won the New Hampshire primary on Tuesday, taking another stride towards his party's nomination to run against President Barack Obama in November.

Jan 12, 2012

チェック！

□**primary** [práimèri]　予備選挙

□**Republican presidential hopeful**　共和党大統領候補

□**take another stride towards**　〜へもう一歩踏み出す

□**nomination** [nàmənéiʃən]　指名（候補）

□**run against**　〜の対立候補となる

対訳

「ロムニー氏、ニューハンプシャーの予備選で勝利」

共和党のミット・ロムニー大統領候補が、火曜日にニューハンプシャー州で行われた予備選で勝利し、共和党指名候補として11月にバラク・オバマ大統領と対決するために、さらなる一歩を踏み出した。　2012年1月12日

訳出のポイント

- 米大統領選挙の話題なので、米政党名について復習しておきましょう。米国の2大政党は今日登場しているRepublican（Party）「共和党」とDemocratic（Party）「民主党」です。
- hopefulは、もともとは「希望」という意味でおなじみの名詞hopeの形容詞形で「希望に満ちた」「見込みのある」「有望な」の意。ここから、とくに演劇や音楽の分野で「前途多望な人」「有望な人」という意味、あるいは今日のように選挙における「（有力な）候補者」という意味の名詞としても使われる語となっています。そこで、presidential hopefulで「大統領候補（者）」ということです。
- 名詞strideは「大またで歩くこと」「歩幅」の意で、take a strideだと「一歩を踏み出す」という言い方。ここではtake another stride towards ～で「～に向けてさらに一歩を踏み出す」ということです。
- 「走る」という意味でおなじみの基本動詞runは、選挙に「出馬する」「立候補する」という意味でも頻出です。したがってrun against ～だと「～に対抗して出馬する」「～の対立候補となる」という表現になります。
- 2012年11月に行われる米大統領選挙に向けて行われる共和党の予備選。最終的に指名nominationを勝ち取った候補が民主党の現職オバマ大統領と対決することになります。

Beethoven's Handwritten Letter Discovered

A rare letter written by composer Ludwig van Beethoven in 1823 has been discovered in which he described about his financial plight and illness.

Jan 13, 2012

チェック！

- □**handwritten letter**　手書きの手紙、書簡
- □**composer** [kəmpóuzər]　作曲家
- □**describe** [diskráib]　言い表す、述べる
- □**financial plight**　経済的困窮

対訳

「ベートーヴェンの手書きの書簡発見」

1823年に作曲家のルートヴィヒ・ヴァン・ベートーヴェンによって書かれた貴重な書簡が発見され、そこには経済的窮状や病気のことがつづられていた。　2012年1月13日

訳出のポイント

- handwrite は文字通り「手書きする」という動詞です。handwritten はこの過去分詞が形容詞化したもので「手書きの」。
- 今日の本文は構造が少しわかりづらいかもしれません。というのは、通常は直前の名詞を受ける関係代名詞の which の位置が特殊だからです。以下のように（　）をつけて考えてみましょう。A rare letter（written by composer Ludwig van Beethoven in 1823 has been discovered）in which he described about his financial plight and illness. すると、which は文頭の a rare letter を指していることがわかりやすくなると思います。そこで、in which 以下は「その書簡の中で〜」ということになります。つまり、この部分を直訳すると「その書簡の中で彼は自分の経済的困窮と病気について述べた」→「そこには経済的窮状や病気のことがつづられていた」。
- 今回発見された書簡は、ベートーヴェンが1823年7月に滞在先のウィーンからパリ在住の作曲家仲間へ宛てたもので、この作曲家のひ孫の遺品の中から発見されました。書簡の中でベートーヴェンは、同年完成した大作『ミサ・ソレムニス』の購入者を探す手助けをしてくれるよう要請すると同時に、自分の目の病気や経済的困窮について訴え嘆いているということです。

South Korean Newlyweds Rescued from Italian Cruise Ship

A South Korean honeymoon couple has been rescued from the capsized cruise ship Costa Concordia more than 24 hours after it ran aground near the island of Giglio off central Italy.

Jan 16, 2012

チェック！

□**newlyweds** [n(j)ú:liwèdz]　（= **honeymoon couple**）　新婚カップル

□**capsize** [kǽpsaiz]　転覆する

□**run aground**　座礁する

対訳

「韓国の新婚カップル、イタリアのクルーズ船から救出」

イタリア中部沖のジリオ島付近での座礁から24時間以上経過後に、転覆したイタリアのクルーズ船コスタ・コンコルディアから韓国の新婚カップルが救出された。

2012年1月16日

訳出のポイント

- wedは「結婚する」という動詞なので、newlywedを直訳すると「最近結婚した」。ここから「新婚の」という形容詞、あるいは「新婚の人」という名詞です。今日のタイトルのようにnewlywedsと複数形で、日本語の「新婚夫婦」「新婚カップル」にあたる言い方になります。また、日本語でも「ハネムーン」というように、honey-moonは「新婚旅行」の意味でよく知られていますね。moonは「月」であり「1ヶ月」という意味もあるので、もともとは、「新婚後1ヶ月の（蜂蜜＝honeyのように）甘い期間」を指し、日本語では「蜜月」とも言われます。したがって、honeymoon coupleは「新婚カップル」の意味でも、「新婚旅行中のカップル」という意味でも使われます。
- agroundは「座礁して」という副詞。run agroundで（船が）「座礁する」という表現になります。
- 文末部分off central Italyのoffは「〜から離れて」という前置詞で、英字新聞では「〜沖」の意味でしばしば登場するのでよく確認しておきましょう。したがってoff central Italyで「イタリア中部沖」ということです。
- 転覆したクルーズ船コスタ・コンコルディアはイタリアの豪華客船で、地中海クルーズ中でした。地元検察当局によると、船長がジリオ島に客船を近づけ過ぎたため、船体の左側が岩礁にぶつかり穴が開き、浸水した模様。

“The Artist” and “The Descendants” Win Best Film Awards at Golden Globe

Silent-era film “The Artist” won three prizes at the Golden Globe Awards on Sunday, while family drama “The Descendants” took home two.

Jan 17, 2012

チェック！

☐**silent-era** [sáilənt í:rə]　無声映画時代

☐**take home**　持ち帰る→獲得する

対訳

「ゴールデングローブ賞、作品賞は『アーティスト』と『ファミリー・ツリー』」

日曜日のゴールデングローブ賞授賞式で、無声映画時代を描いた『アーティスト』が3部門、家族ドラマの『ファミリー・ツリー』が2部門で受賞した。　2012年1月17日

訳出のポイント

- “　” で囲まれた “The Artist” と “The Descendants” はどちらも映画のタイトルなので、対訳ではそれぞれの邦題『アーティスト』と『ファミリー・ツリー』を採用しています。“The Artist”『アーティスト』の方はそのままなので問題ないと思いますが、“The Descendants” の方は、原題の意味に軽く触れておきましょう。descendant は「子孫」「末裔」という意味の名詞です。同意の語に offspring がありますが、descendant の方がより長い歴史の直系関係を示す言葉となっています。そこで、“The Descendants” は直訳すると『子孫たち』ということです。
- while は「～だが」「一方で～」という接続詞。そこで、今日の文を直訳すると、「無声映画時代を描いた『アーティスト』が日曜日のゴールデングローブ賞授賞式で3部門受賞し、その一方で、家族ドラマの『ファミリー・ツリー』は2部門で受賞した」。対訳ではより簡潔に「日曜日のゴールデングローブ賞授賞式で、無声映画時代を描いた『アーティスト』が3部門、家族ドラマの『ファミリー・ツリー』が2部門で受賞した」としています。
- take home は文字通り「～を家に持って帰る」。ここから賞などを「獲得する」の意味でもしばしば使われる表現となっています。He took home the gold medal with a world record.「彼は世界記録で金メダルを獲得した」という具合に使います。

Wikipedia to Shut Down for 24 Hours

Online encyclopedia Wikipedia will voluntarily shut down for 24 hours this week in a protest against proposed U.S. internet anti-piracy legislation.

Jan 18, 2012

チェック！

☐**encyclopedia** [ensàikləpíːdiə]　百科事典

☐**voluntarily** [vɑ̀ləntérəli]　自主的に、自発的に

☐**proposed** [prəpóuzd]　提案されている

☐**anti-piracy legislation**　海賊行為防止法案

対訳

「ウィキペディア、24時間閉鎖へ」

オンライン百科事典の『ウィキペディア』が、米国で提案されているインターネット海賊行為防止法案に抗議して、今週中に24時間の自主閉鎖を行う。　2012年1月18日

訳出のポイント

- shut downは窓を「閉める」、建物・組織などを「閉鎖する」、事業などを「休業する」という句動詞。最近ではコンピューターの「電源・スイッチを切る」という意味でもよく使われます。今日の場合は、インターネットのサイトを「閉鎖する」ということです。ただし、shut down for 24 hours「24時間閉鎖する」ですから、日本語訳では「24時間停止する」としてもいいかもしれません。
- encyclopediaの語源は「一般教育」という意味のギリシア語egkuklopaideia。ここから「百科事典」「百科全書」という名詞になっています。
- protest against 〜は「〜に対する抗議」。そこで、in a protest against 〜で「〜に対する抗議の中で」→「〜に抗議して」という言い方です。
- piracyは「海賊行為」という名詞ですが、近年は「著作権・特許権の侵害行為」の意味でよく登場する語となっています。日本語の「海賊行為」も同じ意味で使うのでわかりやすいと思います。そしてanti-は「反〜」「抗〜」という接頭辞なので、anti-piracyで「反海賊行為」「海賊行為防止（の）」という意味になります。
- 一時的に閉鎖されるのは英語版ウィキペディアで、具体的には米東部時間18日午前0時から24時間閲覧サービスを停止するということです。これは現在米議会で審議中のオンライン海賊行為（違法コピー）防止法案Stop Online Piracy Act（SOPA）に抗議するもの。

World Bank Slashes Economic Growth Forecasts

The World Bank lowered its forecasts for the global economy in 2012 on Tuesday, warning that the euro-zone crisis and weakening growth will impact developing countries.

Jan 19, 2012

チェック！

- □**slash**（= **lower**）[slæʃ]　下げる
- □**economic growth forecast**　経済成長予測
- □**weakening growth**　成長減速
- □**impact** [impǽkt]　影響を及ぼす
- □**developing country**　発展途上国

対訳

「世銀、経済成長予測を下方修正」

世界銀行は火曜日、2012年の世界経済予測を下方修正し、ユーロ圏危機と成長鈍化が発展途上国に影響を及ぼすことを警告した。　2012年1月19日

訳出のポイント

- slashはもともと刀やナイフなどで「さっと切る」「切り取る」という動詞。ここから、予算や価格などを「切り下げる」「削減する」という意味でもしばしば使われる語となっています。今日の場合は、経済成長予測を「下げる」→「下方修正する」の意味で、本文で用いられているlowerと同じ意味で使われています。
- growthは「成長する」の意でおなじみの動詞growの名詞形で「成長」。そこで、タイトルのeconomic growth forecastsで「経済成長予測」。また本文ではforecasts for the global economyで「世界経済予測」となっていますが、これらは同じ意味でどちらも「世界成長（率）予測」を指しています。
- weakenは「弱い」という形容詞weakの動詞形で「弱くなる」「衰弱する」「減退する」。そこでweakening growthは「弱くなる（経済）成長」→「減速する成長」→「成長減速」ということです。
- 世界銀行は、17日に発表した世界経済予測の中で、2012年の経済成長率を2012年6月時点の予測3.6%から2.5%へ下方修正しました。そして、欧州経済の悪化、途上国の成長減速という2つの要素が相互に作用し、一段と弱い状況を生む可能性があると警告をしています。

Olympus Shares Surge after Delisting Avoided

Shares of Japanese camera company Olympus jumped back on Monday on news that it will remain listed on the Tokyo Stock Exchange. Jan 24, 2012

チェック！

☐**surge** [sə́:rdʒ] （株価が）急騰する

☐**delisting** [dilístiŋ] 上場廃止

☐**avoid** [əvɔ́id] 避ける、回避する

☐**listed** [lístid] （証券が株式市場に）上場された

対訳

「オリンパス株、上場維持で急騰」

日本のカメラメーカー、オリンパスが東京証券取引所で上場を維持するニュースを受けて、月曜日に同社の株価は急反発した。　2012年1月24日

訳出のポイント

- surge は株価などが「急上昇する」→「急騰する」「急伸する」という意味でよく登場する動詞なので、確認しておきましょう。
- list は日本語でもおなじみの「リスト」「(一覧）表」という名詞ですが、ここから「リストを作る」「リストに載せる」といった意味の動詞としても使われます。とくに、証券用語としては、"証券取引所の登録リストに載せる"の意味から「(証券を）上場する」という意味になるので、しっかり押さえておきましょう。そこで、listed はこの動詞 list「上場する」の過去分詞が形容詞化されたもので、「上場された」の意。remain listed で「上場された状態にとどまる」→「上場維持する」ということです。また、delist は list の前に「除去して」の意の接頭辞 de- がついたもの。つまり、「リストから除去する」→「株取引の登録リストからはずす」→「上場廃止する」ということです。今日のタイトルでは、この動詞 delist の現在分詞が名詞化した delisting「上場廃止」という形で登場しています。
- ウッドフォード元社長の解職とともに、最大で1235億円にのぼる損失隠し、虚偽記載が発覚したオリンパス社。同社株は監理銘柄に指定され、株価は2032円から2011年来一時は424円まで急落していました。

Big Quake Likely to Strike Tokyo by 2016

There is a 70% probability that a magnitude seven-plus earthquake will hit the Japanese capital Tokyo in the next four years, according to Tokyo University's Earthquake Research Institute. Jan 25, 2012

チェック！

□**likely** [láikli] たぶん、おそらく

□**probability** [prɑ̀bəbíləti] 可能性、見込み

□**a magnitude seven-plus earthquake** マグニチュード7以上の地震

対訳

「東京、2016年までに大地震発生か」

東京大学地震研究所によると、日本の首都東京で4年以内にマグニチュード7以上の地震が発生する可能性は70％だという。

2012年1月25日

訳出のポイント

- likelyは「ありそうな」「起こりそうな」という形容詞であると同時に、「たぶん」「おそらく」という意の副詞としても用いられます。そこで、今日のタイトルは直訳すると…「2016年までに、おそらく大地震が東京を襲う」→「東京、2016年までに大地震発生か」ということです。
- probabilityは「見込み」「確率」という名詞。今日の本文では、probability that ～という形で、that以下はprobability「確率」を説明する文節になっています。つまり、a magnitude seven-plus earthquake will hit the Japanese capital Tokyo in the next four years「4年以内にマグニチュード7以上の地震が日本の首都東京で起こる」確率ということです。
- plusは日本語の「プラス」の語源にあたる名詞ですが、「～以上の」「～強の」という意味の形容詞でもあります。今日のように、数字の後ろについて「～以上の」という意の連結語を作る用法もしばしば登場するので、注意しておきましょう。He has a 30-plus-year experience of making guitars.「彼には30年以上のギター製作経験があります」という具合に使います。そこで、a magnitude seven-plus earthquakeは「マグニチュード7以上の地震」ということです。
- 地震活動を研究する日本政府の地震調査研究推進本部はこれまで、30年以内にM7以上の大地震が首都圏で発生する確率が70％と述べてきました。

Japan Posts First Trade Deficit in 31 Years

Japan has announced its first annual trade deficit since 1980, after the year of 2011 struggling with a strong yen, a eurozone crisis and the impact of earthquake, tsunami, and nuclear accidents. Jan 26, 2012

チェック！

- □**post** [póust]　計上する
- □（**annual**）**trade deficit**　年間貿易赤字
- □**struggle with**　～に苦しむ
- □**strong yen**　円高

対訳

「日本、31 年ぶりの年間貿易赤字」

日本が 1980 年以来初の年間貿易赤字を発表した。2011 年は、円高、ユーロ圏危機、そして地震・津波・原発事故の影響に苦しむ 1 年だった。　2012年 1 月26日

訳出のポイント

- deficit は英字新聞頻出の重要単語のひとつで「赤字」。対になる surplus「黒字」とともに、しっかり押さえておきましょう。annual は「1 年の」「年間の」で trade は「貿易」なので、annual trade deficit で「年間貿易赤字」ということです。first ～ in_years は直訳すると「__年で初めての～」。日本語の「__年ぶりの～」にあたる便利な言い方です。そこでタイトルの first trade deficit in 31 years は「31 年ぶりの年間貿易赤字」ということ。
- struggle は「もがく」「闘う」という動詞。広義で「奮闘する」「努力する」「取り組む」といったニュアンスで使われる語です。struggle with ～で「～に取り組む」「～と苦闘する」「～に苦しむ」という言い方になります。
- 日本の年間貿易収支の赤字転落は、第二次石油危機で輸入原油が高騰した 1980 年以来実に 31 年ぶりです。東日本大震災による自動車などの生産減、欧州債務危機に伴う世界的な景気減速、歴史的な円高の影響など、日本にとっては本当に苦難続きの 2011 年でした。そして、原発停止で火力発電に不可欠な原油や液化天然ガスの輸入額は大幅に増加しており、12 年以降も貿易赤字傾向は続く可能性が高いと思われます。"貿易立国" 日本の成長モデルを見直す時期が来ているのかもしれません。

チャレンジコラム⑩

青木功の話

ゴルフプレーヤー青木功が米国で転戦しているとき、彼はどこへ行っても人気者。試合会場のドライビングレンジやクラブハウスでもいつも現地のプレーヤーと話していたという。しかも彼は完全なブロークンイングリッシュ。もう文法もなにもあったもんじゃないです。でも不思議と通じてしまう。

青木が世界ゴルフ殿堂入りした際にグレッグ・ノーマンと会話していたのを解説者の戸張捷が目撃したときの談によれば、青木は日本語、グレッグは英語で普通に話していたとのこと。

青木はとにかく「よ！！」とか「おう！」とか名前を忘れた選手にも声をかけるという。選手がサンドイッチを食べてると、「それどこで買ってきたんだ？」とか「そのリンゴ美味いのか」とどんどん話しかける。おそらく青木に綺麗な英語を話そうなんて意識は少しもなかったと思います。とにかく〈コミュニケーションをとりたい〉それだけなんだと。青木功にとっては他の人間とコミュニケーションをとること自体が楽しいに違いない。

僕の周囲を見渡しても、普段日本人ともよくしゃべる人は英語もかなり上手くしゃべります。逆にパーティなどで、片隅で一人立っていて、あまり人としゃべらない人は英語もイマイチです。

英語力とは対人能力以外の何ものでもありません。それはコミュニケーション力をつけることに等しいのです。

February,2012

2012 年 2 月

- Facebook Files to Go Public with $5 bln IPO（Feb 3, 経済）
- Fidel Castro Launches Memoirs （Feb 6, 国際）
- Europe Cold Snap Death Toll Rises （Feb 7, 国際）
- Diamond Jubilee: Queen Elizabeth Marks 60 Years on Throne（Feb 8, 国際）
- High Cesium Found in Earthworms 30 km from Fukushima Nuke Plant（Feb 9, 社会）
- Whitney Houston Found Dead in Los Angeles Hotel（Feb 14, 芸能）
- China Vice-President Xi Jinping Visits US（Feb 16, 国際）
- Japanese Emperor Undergoes Successful Heart Surgery（Feb 20, 社会）
- Iran Halts Oil Sales to UK and France （Feb 21, 国際）
- “The Artist” Wins Five Oscars （Feb 28, 芸能）

Facebook Files to Go Public with $5 bln IPO

Social networking titan Facebook filed to go public on Wednesday, seeking to raise $5 billion.

Feb 3, 2012

チェック！

□**file to go public**　上場を申請する、株式の公開を申請する

□**IPO**　新規株式公開

□**titan** [táitn]　巨大企業、大手

□**raise** [réiz]　（資金を）調達する

対訳

「フェイスブックが上場申請、50億ドルのIPO」

ソーシャル・ネットワーキング大手のフェイスブックが水曜日に株式公開を申請し、50億ドル（約3800億円）の資金調達を目指す。　2012年2月3日

訳出のポイント

- 今日は、2012年11月にお伝えした、フェイスブックの新規株式公開についての続報記事です。単語・表現など重複していますが、英字新聞頻出の重要表現ばかりなので、この機会にしっかり復習しておいてください。go public は文字通り「公表する」「公開する」という言い方ですが、企業が「株式を公開する」→「株式を上場する」という意味でもよく使われます。そして file が「申し立てる」「申請する」という動詞なので、file to go public で「株式の公開を申請する」「上場を申請する」ということです。
- IPO は「initial（最初の）public（公開の）offering（売り出し）」の略で、日本語では「新規株式公開」といいます。
- seek は「探し求める」「模索する」という動詞で、ここでは seek to V「～しようと努める」「～しようと試みる」という形になっています。
- raise はもともと「立たせる」「上げる」という動詞。団体・組織などが資金・料金を「上げる」、資金を「調達する」という意味の頻出重要単語です。そこで、seeking to $5 billion で「50億ドルの調達を目指す」となります。
- いよいよ、ネット企業最大のIPO実施が具体的になってきました。実際のFB株式上場は数ヶ月後になる見通しで、どの株式市場に上場するかも現時点では不明ということです。

Fidel Castro Launches Memoirs

The former Cuban President Fidel Castro has made his first public appearance since April 2011 to launch his memoirs that relates to his childhood and rise to power in the Cuban Revolution. Feb 6, 2012

チェック！

☐ **memoirs** [mémwɑːrz] 回顧録
☐ **public appearance** 公式の場に出席すること
☐ **rise to power** 政権の掌握
☐ **Cuban Revolution** キューバ革命

対訳

「フィデル・カストロ前議長、回顧録出版」

キューバのフィデル・カストロ前国家評議会議長が、少年時代やキューバ革命での政権掌握を語った回顧録の出版のため、2011年4月以来初めて公の場に姿を現した。

2012年2月6日

訳出のポイント

- memoirは「回想」「思い出」の意の仏語memoireを語源とする名詞。通常は複数形memoirsで、「回顧録」「手記」「自叙伝」の意味になります。launchは「開始する」「発売する」などの意で英字新聞でも最頻出重要単語のひとつ。今日の場合はmemoir「回顧録」についてなので、「出版する」という意味になります。
- appearanceは「現れる」「出現する」という動詞appearの名詞形で「出現」「姿を現すこと」。public appearanceで「公に姿を現すこと」「公式の場に出席すること」の意味になります。とくにmake a public appearance「公の場に姿を現す」の形でよく使われるので確認しておきましょう。ここでは、この表現の応用でmake one's first public appearance since ～で「～以来初めて公の場に姿を現す」という言い方になっています。
- powerは「力」→「権力」「政権」。rise to powerで「権力（の座）にのぼる」→「権力の座につく」「政権を取る」という表現です。そして、riseは動詞「のぼる」であると同時に名詞「のぼること」「昇進」でもあるので、ここではrise to powerで「権力の座につくこと」「政権掌握」となっています。
- 1959年のキューバ革命以来で、キューバを社会主義国家に変えたカストロ前議長。2006年から病気療養に入り、昨年4月の共産党大会でトップの第1書記を正式退任した後は全く公の場に姿を見せていませんでした。

Europe Cold Snap Death Toll Rises

The brutal cold snap that has gripped Europe for more than a week brought more havoc across the continent on Sunday, pushing the death toll above 280.

Feb 7, 2012

☝ チェック！

□**cold snap**　寒波

□**death toll**　死亡者数

□**brutal** [brú:tl]　厳しい

□**grip** [gríp]　しっかりと捕らえる→襲う

□**havoc** [hǽvək]　大被害

対訳

「欧州寒波、死者数増大」

日曜日、欧州で 1 週間以上続いている厳しい寒波の被害が各地でさらに拡大し、死者は 280 人を超えた。

2012年 2 月 7 日

訳出のポイント

- 名詞 snap は色々な意味で使われますが、ここでは急にやってくる「一時的な寒さ」「寒気」の意です。通常は cold snap で「寒波」を意味します。
- grip は本来「しっかりつかむ」「握る」「締める」という動詞。ここから、痛み、恐怖、災害などが、人や国などを「捕らえて離さない」→「襲う」「冒す」という意味でも使われます。そこで…The brutal cold snap that has gripped Europe for more than a week は「欧州を 1 週間以上襲っている厳しい寒波」→「欧州で 1 週間以上続いている厳しい寒波」となります。また、この部分全体が今日の文の主語になっていることにも注意しておきましょう。すると、述語にあたる動詞はこの直後の brought（more havoc）だということがわかりやすくなるかと思います。
- havoc の語源は古フランス語の havot で「略奪」の意。英語では、災害などによる「大破壊」「大損害」「大被害」という意味になります。そこで brought more havoc は「さらに大被害をもたらした」。また、続く across the continent の the continent は the European Continent「欧州大陸」を指し、同一語の重複を避けるために先に登場している Europe を言い換えたものです。したがって、ここまでの部分を直訳すると、「欧州で 1 週間以上続いている厳しい寒波が、日曜日に欧州大陸にさらなる大被害をもたらした」→「日曜日、欧州で 1 週間以上続いている厳しい寒波の被害が各地でさらに拡大した」となります。

Diamond Jubilee: Queen Elizabeth Marks 60 Years on Throne

People across the Britain celebrated on Monday as Queen Elizabeth marked the 60th anniversary of her accession to the throne. Feb 8, 2012

チェック！

□**diamond jubilee**　60周年祝典、記念

□**mark** [mɑ́ːrk]　～を記念する、～を祝う

□**throne** [θróun]　王位

□**accession** [æksé∫ən]　即位

対訳

「60周年祝典、エリザベス女王在位60年を迎える」

月曜日にエリザベス女王が在位60年を迎え、英国中で国民が祝賀した。 2012年2月8日

訳出のポイント

- jubileeの語源は「雄ヒツジの角」の意のヘブライ語yobhel。雄ヒツジの角で作られる角笛が“記念祭”を告げるのに使われたことから、「記念祭」「祝祭」「祝典」という名詞になっています。主に、25年、50年、60年など大きな記念のときに使われる単語です。今日のタイトルのdiamond jubileeは「60年記念」。ちなみに、silver jubileeが「25年記念」、golden jubileeが「50年記念」となります。
- throneは「座席」「いす」という意味のギリシア語thronosが語源で、英語ではもともとは特別な儀式の際に王・女王・教皇・司教などが座るいす、すなわち「王座」「教皇聖座」「司教座」を指す語です。ここから、「王権」「王位」あるいは「君主の地位」も意味するようになりました。on the throneで「王位についている」「在位する」という言い方です。今日の場合はタイトルなので冠詞のtheが省かれてon throneとなっていますが、意味は同じです。したがってmarks 60 years on（the）throneで「在位60年を記念する」となります。
- 動詞accessは日本語の「アクセスする」の語源で、「接近する」「利用する（入手する）」という意味で知られています。accessionはこのaccessから派生した語で、権利・権威・地位などへの「接近」「到達」という名詞。ここではaccession to the throneで「王位への到達」→「即位」ということです。
- 即位60年を迎えたイギリスのエリザベス女王は現在85歳。今も精力的に公務をこなし、英国史上最高齢の君主として活動しています。

High Cesium Found in Earthworms 30 km from Fukushima Nuke Plant

Radioactive Cesium levels of some 20,000 becquerels per kilogram have been detected in earthworms collected in a mountain forest, 30 kilometers from the Fukushima No.1 nuclear plant. Feb 9, 2012

チェック！

- □**earthworm** [ə́:rθwə̀:rm] ミミズ
- □**radioactive Cesium** 放射性セシウム
- □**some** [sʌ́m] およそ、約
- □**collect** [kəlékt] 採取する
- □**mountain forest** 山林

対訳

「福島原発30キロ地点、ミミズから高濃度セシウム」

福島第一原子力発電所から30キロ離れた山林で採取されたミミズから、1キログラムあたり約2万ベクレルの放射性セシウムが検出された。　2012年2月9日

訳出のポイント

- wormは通例細長く柔らかい、脚のない「虫」を指す語。つまり、ミミズ、ヒル、ウジ虫、カイチュウ、シャクトリ虫などが含まれます。earthwormは直訳すると「土(の中)の虫」で、こちらはとくに「ミミズ」を指す単語となっています。
- タイトルのnuke plantはnuclear plantの略。nukeだけでも「原子力発電所」、あるいは「原子力」「核兵器」「核爆弾」を意味する名詞として使われることも多いので注意しておきましょう。
- someは「いくらかの」「多少の」などという意味の形容詞としておなじみですが、ここでは「およそ」「約」の意で登場しています。意味的にはaboutと同じですが、より漠然とした数を表すときに用いられる傾向があります。《some＋数詞》という形の場合はこの意味になるので、押さえておいてください。
- perは「〜につき」「〜ごとに」という前置詞。例えば、日本語の「時速〜キロ」は、英語では〜 kilometers per hour「1時間につき〜キロメートル」という形で表します。今日の場合はsome 20,000 becquerels per kilogramなので「1キログラムあたり約2万ベクレル」ということです。
- これまで福島県の野生動物調査では、イノシシから食品の暫定基準値(1キログラムあたり500ベクレル)の30倍にあたる1万4600ベクレルが検出されていましたが、今回はこれを上回る値がミミズから検出されたというニュースです。

Whitney Houston Found Dead in Los Angeles Hotel

Six-time Grammy winner Whitney Houston was found dead in her Beverly Hills hotel room on Saturday, the day before this year's ceremony. She was 48.

Feb 14, 2012

チェック！

□**(be) found dead**　死んでいるのが見つかる

□**Grammy winner**　グラミー賞受賞者

対訳

「ホイットニー・ヒューストンさん死亡、ロスのホテルで発見される」

今年のグラミー賞授賞式の前日の土曜日に、同賞受賞6回を誇るホイットニー・ヒューストンさんが、ビバリーヒルズのホテルの部屋で亡くなっているのが発見された。享年48歳だった。

2012年2月14日

訳出のポイント

- (be) found dead は「死んでいるのが見つかる」「遺体で発見される」という言い方。タイトルでは be 動詞が省かれた形になっています。
- winner は「勝つ」という動詞 win に「～する人」という接尾辞 -er がついた形で、「勝利者」「成功者」という名詞になります。ただし、賞の「受賞者」や宝くじなどの「当選者」といった意味でもよく登場するので、注意しておきましょう。そこで Grammy winner は「グラミー賞を受賞した人」→「グラミー賞受賞者」。そして six-time Grammy winner だと「6回グラミー賞を受賞した人」となります。
- ケビン・コスナーとともに自らも主演した映画『ボディガード』の主題歌 Always Love You などを大ヒットさせ、グラミー賞では6回の受賞を誇るR&B歌手のホイットニー・ヒューストンさんが急死したというニュースです。
- グラミー賞発表・授賞式に出席するために滞在していた、ロサンゼルス近郊の高級住宅街ビバリーヒルズのホテルの部屋で倒れているのをボディガードによって発見されたということ。死因は不明ですが、地元警察は「事件性を示す兆候はない」としています。美しい歌声と圧倒的な歌唱力で世界を魅了した歌姫ホイットニーさんですが、2000年頃からアルコールと薬物依存症に苦しみ、更正施設への入退所を繰り返していました。

China Vice-President Xi Jinping Visits US

US President Barack Obama and the Chinese Vice-President Xi Jinping had a talk at the White House on Tuesday, discussing trade and currency issues.

Feb 16, 2012

チェック！

□ **Vice-President** [váis prézədənt] ［中国］国家副主席

□ **currency** [kə́:rənsi] 通貨

対訳

「中国の習近平国家副主席、米国を訪問」

バラク・オバマ米大統領と中国の習近平国家副主席は火曜日にホワイトハウスで会談し、貿易および通貨問題について意見を交わした。　2012年2月16日

訳出のポイント

- vice は「悪徳」「不道徳」「悪習」といった意の名詞としてもよく知られていますが、同スペル・同発音の別の語で、「代理の」「副の」という形容詞でもあります。そこで vice-president は president の「副大統領」「副会長」「副校長」といった役職を指す語となっています。これが US Vice-President になれば「米副大統領」ですし、今日の場合は Chinese Vice-President なので「中国の国家副主席」ということです。
- have a talk は簡単な表現ですが、日常的なレベルの「話をする」から、今日のように国家の代表同士が正式に「会談をする」という様々な場面で用いることができます。英字新聞では「会見する」「会談する」の意味で頻出なので、再確認しておきましょう。
- discuss というと「議論する」という訳語が定着しているようですが、「～について話し合う」「～について意見を交わす」といった日本語訳がぴったりくることも多い動詞です。そこで対訳でも、discussing trade and currency issues を「貿易および通過問題について意見を交わした」としています。
- 文末の trade and currency issues の issue が複数形になっているのは、trade と currency の両方がかかっているため。つまり、trade issue and currency issue「貿易問題と通貨問題」という、ふたつの問題をまとめて issues としているわけです。

Japanese Emperor Undergoes Successful Heart Surgery

Japanese Emperor Akihito underwent a successful coronary bypass surgery at the University of Tokyo Hospital on Saturday. Feb 20, 2012

チェック！

□**undergo** [ʌ̀ndərgóu] （手術を）受ける

□**successful** [səksésfl] 成功した

□**coronary bypass surgery** （心臓の）冠動脈バイパス手術

対訳

「天皇陛下の心臓手術、無事終了」

土曜日に東京大学病院で行われた、日本の明仁天皇陛下の心臓冠動脈バイパス手術が無事終了した。

2012年2月20日

訳出のポイント

- 日本語の「手術」にあたる英語は、今日登場している surgery に加えて operation も一般的。あわせて確認しておきましょう。
- undergo は句動詞 go under が逆転した動詞で、不快なこと・苦しいことを「経験する」という意味です。ここでは、病気の治療・手術などを「受ける」の意味になっています。successful は「成功」の意でよく知られる名詞 success の形容詞形で「成功した」「好結果の」「うまくいった」。successful surgery で「成功した手術」「うまくいった手術」なので、undergo successful surgery だと「成功した手術を受ける」→「手術が成功する」「手術が無事に行われる」の意味になります。
- coronary はもともと「冠の」「冠のような」という形容詞。ここから、医学用語で（心臓の）「冠状動脈の」の意味になっています。そこで coronary bypass surgery で「冠動脈バイパス手術」ということです。心臓の冠動脈バイパス手術は、「心筋」cardiac muscle と呼ばれる心臓の筋肉に酸素や栄養を送る冠動脈の悪い部分を避けるように別の血管をつないで新しい道（bypass）を作る治療です。

Iran Halts Oil Sales to UK and France

Iran halted oil sales to Britain and France on Sunday in retaliation against EU economic sanctions over Teheran's nuclear development issues.

Feb 21, 2012

チェック！

☐**halt** [hɔ́:lt]　停止する

☐**oil sale**　石油販売→原油輸出

☐**retaliation** [ritæliéiʃən]　報復

☐**economic sanction**　経済制裁（措置）

対訳

「イラン、英仏への原油輸出を停止」

イランは日曜日、同国の核開発問題をめぐる欧州連合の経済制裁に対する報復として、英国とフランスへの原油輸出を停止した。

2012年2月21日

訳出のポイント

- 動詞 halt は「停止する」「中断する」。意味的にはおなじみの基本動詞 stop とほぼ同じですが、より堅い語で新聞・ニュースなどで好んで使われます。
- oil は「油」「石油」ですが、英語ではしばしば crude oil「原油」の意味にも用いられます。そこで oil sale は直訳では「石油販売」ですが、ここでは原産国の「原油輸出」の意味になっています。
- retaliate は「報復する」「復讐する」という動詞。通常 retaliate against 〜で「〜に報復する」「〜に仕返しする」という言い方になります。今日は、この retaliate の名詞形 retaliation「報復」「仕返し」で、retaliation against 〜「〜に対する報復」という形になっています。
- 英文ニュースでは、国名の代わりにその国の首都を用いることがしばしばあります。つまり Tokyo「東京」が「日本」(あるいは「日本政府」)、Beijing「北京」が「中国」を指します。ここでは、イランの首都 Teheran「テヘラン」で、「イラン」の意味になっています。
- 核開発問題、具体的には核兵器開発疑惑で国際社会の注目を集めているイラン。核開発問題をめぐって欧米が経済制裁などで圧力をかけていますが、今回の英仏への原油輸出停止はこれに対するイランの報復とみられます。世界第5位の原油産出国であるイランでは、原油輸出による収入が歳入の約半分を占めますが、同国石油省は「英仏に代わる輸出先はあり、何の問題もない」と強気の姿勢です。

"The Artist" Wins Five Oscars

The silent black-and-white movie "The Artist" triumphed at the Oscars on Sunday, winning five awards including best picture, best director for Michel Hazanavicius, and best leading actor for Jean Dujardin.

Feb 28, 2012

チェック!

☐**black-and-white movie** 白黒映画

☐**triumph** [tráiəmf] 勝利する、勝利を喜ぶ

☐**leading actor** 主演男優

対訳

「アカデミー賞、『アーティスト』が5冠」

日曜日、白黒サイレント映画の『アーティスト』が、作品賞、ミシェル・アザナビシウス監督の監督賞、ジャン・デュジャルダンの主演男優賞を含む5つのアカデミー賞を受賞し、勝利を喜んだ。　2012年2月28日

訳出のポイント

- silentは「静かな」「無言の」という形容詞で、silent movieあるいはsilent filmで「無声映画」「サイレント映画」ということです。black-and-whiteも文字通り「白黒の」「モノクロの」という形容詞で、black-and-white movieだと「白黒映画」です。
- triumphは「勝利」「征服」という意味の名詞としてよく知られていますが、今日は動詞として登場しています。動詞triumphは「勝利を得る」「成功する」あるいは「勝ち誇る」「勝利を喜ぶ」といった意味になります。
- 今回アカデミー賞で最多の5部門を制した『アーティスト』は、白黒サイレントのフランス映画。サイレント映画の作品賞受賞は第1回の『つばさ』以来、実に83年ぶりということです。また、フランス映画としては初の作品賞受賞という快挙でもあります。
- 最多の11部門ノミネートで注目されていたマーティン・スコセッシ監督の3D映画『ヒューゴの不思議な発明』は、撮影賞や美術賞など5部門で受賞しましたが、主要賞は逃す形となりました。

チャレンジコラム⑪

思うとやるとは別世界

本書を手に取る人はおそらく英語を自由に扱えるようになりたいと思っているはず。コツコツと英語学習を続けていけばそれが可能であると分かっている。しかし、「思う」と「やる」は全く別世界にあるということを知るべし。

今あなたが立っている場所と、英語を自在に使う自分が立つ未来の目的地までの距離を考えたことがありますか？　それは人によっては100キロの道のりかもしれないし、人によっては地球と冥王星くらい離れているかもしれません。つまり、今日から学習を始めてコツコツ積み重ねていけば、必ず到達できる。逆にいつまでも理由をつけてそれをやらなければ、絶対に到達できない、遠い、遠い遥か離れた場所となります。「思う」と「やる」とは別世界ということです。

ではどうしたら「やる」ことができるのか？　それは目を閉じておもいっきりあちらの世界へジャンプすることです。飛躍、精神的な飛躍が必要です。考えてはいけません。今日できない理由を考えるからです。ビルの屋上から向こう側のビルの屋上にジャンプして飛び移るわけです。するとあら不思議。思ってる以上に居心地が良いことを感じます。

人は変化することを好む存在ではあるけれど、いつまでも今の自分を変えたくないという変化を拒む存在でもあると思います。英語学習は絶えざる変化の過程です。おもいっきりジャンプしてください。

March,2012

2012 年 3 月

- Dow Industrials Back Above 13,000 （Mar 1, 経済）
- North Korea and U.S. Reach Nuclear Freeze Deal （Mar 2, 国際）
- Putin Wins in Russian Presidential Elections（Mar 6, 国際）
- Lady Gaga Hits 20 Million Followers on Twitter（Mar 7, 芸能）
- Japan Marks 1st Anniversary of Quake and Tsunami（Mar 12, 日本）

Dow Industrials Back Above 13,000

The Dow Jones industrial average closed above 13,000 on Tuesday for the first time since May 19, 2008, almost four months before the collapse of the Lehman Brothers.

Mar 1, 2012

チェック！

□**Dow industrials**　ダウ工業株

□**Dow Jones industrial average**　ダウ工業株30種平均

□**close** [klóuz]　（終値が～）で終わる

□**collapse** [kəlǽps]　破綻

対訳

「ダウ工業株、1万3000ドル台回復」

ダウ工業株30種平均が火曜日、リーマン・ブラザーズ破綻のほぼ4ヶ月前の2008年5月19日以来初めて終値で1万3000ドル台に乗せた。　2012年3月1日

訳出のポイント

- Dow industrials は Dow Jones industrial average のことで、経済ニュース通信社のダウ・ジョーンズ社が算出する米国の代表的な株価指数のひとつ。日本では「ダウ工業株30種平均」「ダウ平均」などと呼ばれます。
- タイトルの back は「戻って」という形容詞。be 動詞が省略されていますが（are）back above 13,000 で「1万3000ドルより上に戻る」→「1万3000ドル台を回復する」ということになります。動詞 close は「閉じる」「終わる」の意味でおなじみですが、証券用語としては通貨や株価について「（終値〜）で終わる」という意味で使われます。そこで closed above 13,000 だと「1万3000ドルを超える終値で終わる」→「終値で1万3000ドル台に乗せる」ということです。
- collapse は、もともと建築物・組織・体制などの「崩壊」「倒壊」を意味する名詞。ここから、経済や企業などの「破綻」という意味でも使われる語です。
- 米国株式市場が続伸し、その代表的な株価指数のダウ工業株30種平均が3年9ヶ月ぶりに終値で1万3000ドル台を回復したというニュース。2月の米消費者信頼感指数が市場予想を多く上回ったことや、雇用関連などでこのところ米経済の堅調さを示す指標が相次いでいることに加えて、2月末まで高騰していた原油相場が落ち着いたこともあり、投資家に買い安心感が広がった形です。

North Korea and U.S. Reach Nuclear Freeze Deal

North Korea agreed with the United States on Wednesday to suspend uranium enrichment activity, nuclear and long-range missile tests. The U.S. announced 240,000 tons of new food aid for Pyongyang in return.

Mar 2, 2012

チェック！

- □**nuclear freeze**　核凍結
- □**uranium enrichment activity**　ウラン濃縮活動
- □**long-range missile**　長距離ミサイル
- □**in return**　見返りとして、引き換えに

対訳

「北朝鮮と米国、核凍結で合意」

北朝鮮が水曜日、ウラン濃縮活動や核実験、長距離ミサイル実験を停止することで米国に同意した。その見返りとして、米国は北朝鮮へ24万トンの新たな食糧支援を発表した。
2012年3月2日

訳出のポイント

- reach a dealで「合意する」「取引を成立させる」という言い方。そこで、reach (a) nuclear freeze dealで「核凍結の取引を成立させる」→「核凍結で合意する」ということです。
- 「停止する」「中断する」という動詞suspendは、ここのところ頻繁に登場しているので、再確認を！ nuclear and long-range missile tests の tests は nuclear と long-range missile の両方にかかっていることに注意しましょう。つまり…nuclear tests and long-range missile tests「核実験および長距離ミサイル実験」ということです。
- food aid for Pyongyangは直訳すると「平壌への食糧支援」ですが、国名の代わりに首都名を使うのは英字新聞ではおなじみのテクニックですね。したがって、Pyongyang = North Koreaで「北朝鮮への食糧支援」の意となります。
- 名詞returnは「返すこと」「返却」「返還」ですが、「返礼」「お返し」といった意味でもよく使われる語です。そこでin returnで「返礼として」「お返し（お礼）として」「見返りとして」という言い方になります。
- 米国務省と北朝鮮外務省が、北朝鮮が核実験やウラン濃縮実験、長距離ミサイル実験を停止することで合意したというニュースです。また、北朝鮮は寧辺の核施設へ国際原子力機関（IAEA）の監視員を受け入れることもあわせて合意しています。この合意で、北朝鮮の核問題をめぐる6か国協議再開への道が開かれることが期待されます。

Putin Wins in Russian Presidential Elections

Vladimir Putin declared triumph in Russia's presidential elections on Sunday, returning to the Kremlin for a third term after four years as prime minister.

Mar 6, 2012

チェック！

□**declare triumph**　勝利を宣言する

□**presidential election**（s）　大統領選

□**Kremlin** [krémlin]　［ロシア］クレムリン、政府官邸

□**for a third term**　3期目に

対訳

「露大統領選、プーチン首相が勝利」

日曜日、ウラジミール・プーチン首相がロシア大統領選の勝利を宣言した。4年間首相を務めたプーチン氏は、通算3期目の大統領としてクレムリンに復帰する。

2012年3月6日

訳出のポイント

- ごく基本的な政治用語ですが再確認しておきましょう。president は「大統領」で、prime minister は「首相」(ただし、日本では「内閣総理大臣」)です。プーチン現ロシア首相が、大統領選で当選を決めたニュース。
- declare は「～を宣言する」「～を断言する」という動詞なので、declare triumph で「勝利を宣言する」という言い方です。triumph のかわりに victory を用いても同じ意味になります。
- Kremlin は、モスクワ市中心にある旧ロシア帝国の宮殿で、現在はロシア連邦の大統領府や大統領官邸が置かれています。そこで、米国の White House が「米大統領官邸」→「米政府」を意味すると同様に、Kremlin も「ロシア政府」の意味でも用いられるので注意しておきましょう。ここでは、プーチン首相が4年ぶりに大統領に復帰することを returning to the Kremlin「クレムリン(＝大統領府)に復帰する」と言っているわけです。
- term は「期間」「時間」という名詞ですが、役職などの「任期」の意でもよく使われる語です。そこで third term は「3つめの任期」の意味で、for a third term で「3期目に(の)」という言い方になっています。
- 元 KGB 諜報員(スパイ)という経歴を持つプーチン首相。2000年以降、大統領・首相としてロシアに君臨してきたプーチン氏ですが、今回の勝利宣言では目に涙を浮かべながら「我々は公正な戦いに勝った」と述べたそうです。

Lady Gaga Hits 20 Million Followers on Twitter

American pop diva Lady Gaga has become the first Twitter user to get more than 20 million followers, cementing her place as the most-followed person on the globe.

Mar 7, 2012

チェック！

☐**pop diva**　ポップ界の歌姫

☐**cement** [səmént]　固める、強固にする

☐**on the globe**　地球上で→世界で

対訳

「レディー・ガガ、ツイッターのフォロワーが2000万人突破」

米ポップ界の歌姫レディー・ガガが、2000万人を超えるフォロワーを持つ最初のツイッター・ユーザーとなり、フォロワー数世界1位の座を固めた。　　2012年3月7日

訳出のポイント

- hitは「打つ」「たたく」「攻撃する」などの意味でよく知られる基本動詞。口語では、水準や程度などについて「～に達する」という意味でもよく使います。例えば… This train can hit 300 kilometers per hour.「この列車は時速300キロに達することが可能だ」→「この列車は時速300キロを出せる」という具合です。そこで、今日のタイトルを直訳すると「レディー・ガガがツイッターで2000万人のフォロワーに達する」→「レディー・ガガのツイッターのフォロワーが2000万人を突破する」ということです。
- divaは、もともとイタリア語で（オペラの）「プリマドンナ」を指す語。ここから、「花形女性歌手」「歌姫」の意になっています。最近では、日本語でも「ディーバ」で通じるかもしれませんね。
- cementはもともと「セメント」「コンクリート」という名詞で、セメントなどで「固める」「固定する」という動詞でもあります。さらに、動詞としては、人とのきずなや友情、あるいは地位・ポジションなどを「固める」「強固にする」という意味でもしばしば使われます。ここでは、cementing her place as the most-followed person on the globeなので、「地球上で最もフォローされている人物としての地位を固める」→「フォロワー数世界1位の地位を固める」ということです。

Japan Marks 1st Anniversary of Quake and Tsunami

Japan on Sunday marked the first anniversary of the devastating earthquake and tsunami that took nearly 20,000 lives and triggered the world's worst nuclear crisis since Chernobyl.

Mar 12, 2012

チェック!

☐**mark (the) first anniversary**　1周年を迎える

☐**devastating** [dévəstèitiŋ]　壊滅的な

☐**take _ lives**　__人の命を奪う

☐**trigger** [trígə*r*]　引き起こす

対訳

「日本、震災・津波から1年」

日曜日に日本は、2万人近い命を奪い、チェルノブイリ以来世界で最悪の核危機を引き起こした壊滅的な地震・津波から1年を迎えた。
2012年3月12日

訳出のポイント

- 動詞 mark はもともと「印をつける」の意。ここから、特別な出来事などを「記念する」という意味でもしばしば使われます。そこで mark the first anniversary は「1周年を記念する」という言い方。今日の場合は、the first anniversary は東日本大震災から1周年という意味で使われているので、日本語訳では「1年を迎える」というシンプルな言い方を採用しています。
- おなじみの超基本動詞 take には「〜を奪う」という意味があります。したがって take _ lives で「__個の命を奪う」→「__人の命を奪う」という言い方になります。
- もともとは、銃の「引き金」を意味する trigger は、英字新聞では「引き金を引く」→「きっかけとなる」→「引き起こす」という意味の動詞としてよく登場するので、再確認しておきましょう。
- 日本、いや世界中を震撼させた東日本大震災から1年が過ぎました。その爪跡は深く、今なお34万の人々が避難所生活を送っていますし、原発危機も去っていません。野田佳彦首相は東日本大震災から1年を機に、米紙ワシントン・ポストに寄稿。「我々の目標は単に（震災の起きた）2011年3月11日より前の日本を再建することだけではない。新しい日本を造り上げるということだ」と述べています。日本のリーダーとして、"述べる"だけでなく、行動を起こしてもらいたいものです。

チャレンジテスト

**あなたはどれくらい
記事がわかりましたか？
クイズ感覚で気軽にチャレンジし、
理解度をチェックしてください。**

☑ Question 1

次の英文を読み、選択肢の中から正しい答えを選びなさい。

The co-founder and former chief executive of U.S. technology giant Apple, this person died on Oct. 5 at the age of 56. What is his name?

① Steve Jobs

② Bill Gates

③ Jeff Bezos

☑ Question 2

次の英文の空所に入る語句を選択肢の中から選びなさい。

New research by international scientists showed the first comprehensive estimates of soil contamination across Japan after the (　　　) in March.

① great eruption

② nuclear accident

③ earthquake and tsunami

Answer 1

Question 1の答え

① Steve Jobs
スティーブ・ジョブズ

質問の訳

米テクノロジー大手の共同創業者で元最高責任者である人物が10月5日、56歳で死去しました。この人の名前は？

〈149ページ参照〉

ちなみに、②ビル・ゲイツはマイクロソフト創業者、③ジェフ・ベゾスはアマゾン創設者・最高経営責任者。

Answer 2

Question 2の答え

② nuclear accident
原発事故

質問の訳

国際科学者チームによる新研究によって、3月に起きた（原発事故）後の日本全国の土壌汚染について、初の総合的推定が示された。

〈175ページ参照〉

ちなみに、①は大噴火、③は地震と津波。

Question 3

次の英文を読み、選択肢の中から正しい答えを選びなさい。

A subway train rear-ended another train in a Chinese city on Sep 27, injuring more than 270 passengers. What is the name of the city?

① Shanghai

② Beijing

③ Shenyang

Question 4

次の英文の空所に入る語句を選択肢の中から選びなさい。

U.S. software giant Microsoft (　　　) clinching a deal to buy Internet telecom Skype, The Wall Street Journal reported on Monday.

① is close to

② gave up

③ put off

Answer3

Question 3 の答え

① Shanghai
上海

質問の訳

9月27日、中国のある都市の地下鉄列車が別の列車に追突し、乗客270人以上が負傷した。この都市の名は?

〈137 ページ参照〉

ちなみに、② Beijing は首都・北京市、③ Shenyang は遼寧省の省都で重工業の中心都市・瀋陽市。

Answer4

Question 4 の答え

① is close to
近づいている

質問の訳

米ソフトウェア大手のマイクロソフト社が、インターネット通信会社スカイプの買収契約を（近く）成立させる見通しだという。ウォールストリート・ジャーナルが月曜日に伝えた。

〈41 ページ参照〉

ちなみに、②は「あきらめる、断念する」③は「延期する」。

☑ Question 5

次の英文を読み、選択肢の中から正しい答えを選びなさい。

Huang Nubo, a Chinese real estate investor and former senior government official, plans to buy a vast tract of land in a foreign country for a $100 million ecotourism project. What is the name of the country?

① Ireland

② Iceland

③ Greenland

☑ Question 6

次の英文の空所に入る語句を選択肢の中から選びなさい。

The Japanese government intervened in the (　　　　) on Thursday, and its central bank eased monetary policy to weaken the yen to protect economic recovery.

① foreign exchange market

② stock market

③ money market

Answer 5

Question 5の答え

② Iceland

アイスランド

質問の訳

中国の不動産投資家で元政府高官の黄怒波氏が、1億ドルを投じるエコツーリズムのために、ある国に広大な土地を購入することを計画している。その国の名は？

〈121ページ参照〉

ちなみに、アイスランドは大西洋北極圏付近の大きな島で、共和国。①はアイルランド、③は北大西洋にある世界最大の島。

Answer 6

Question 6の答え

① foreign exchange market

外国為替市場

質問の訳

円高を緩和し、経済回復を保護するため、木曜日、日本政府は（為替市場）へ介入し、日銀は金融緩和策を打ち出した。

〈101ページ参照〉

ちなみに、②は「株式市場、証券市場」③は「金融市場」のこと。

☑ Question 7

次の英文を読み、選択肢の中から正しい答えを選びなさい。

Name the pop superstar who has been sued in a class action over sales of her charity wristbands for earthquake relief.

① Beyoncé

② Britney Spears

③ Lady Gaga

☑ Question 8

次の英文の空所に入る語句を選択肢の中から選びなさい。

U.S. President Barack Obama announced his intention to (　　　　) in 2012 on his website on Monday.

① run for president

② stand for re-election

③ attend the party convention

Answer 7

Question 7 の答え

③ Lady Gaga
レディー・ガガ

質問の訳

震災被災者支援のためのチャリティー・リストバンドの売上をめぐって提訴されたポップ界のスーパースターの名前は?

〈73 ページ参照〉

ちなみに、①ビヨンセも②ブリトニー・スピアーズもスーパースター。

Answer 8

Question 8 の答え

② stand for re-election
再選を目指して出馬する

質問の訳

バラク・オバマ米大統領が月曜日に自らのウェブサイトで、2012 年の(再選を目指して出馬する)意向を表明した。

〈15 ページ参照〉

ちなみに、①は「大統領選に出馬する」、③は「党大会に出席する」の意味。

☑ Question 9

次の英文を読み、選択肢の中から正しい答えを選びなさい。

Vietnam began naval drills in a certain sea on June 13 amid high tensions with China over disputed waters. What is the name of the sea?

① **East China Sea**

② **South China Sea**

③ **Yellow Sea**

☑ Question 10

次の英文の空所に入る語句を選択肢の中から選びなさい。

Online encyclopedia Wikipedia will voluntarily shut down for 24 hours this week in a protest against proposed U.S. internet (　　　　　).

① **security system**

② **antitrust law**

③ **anti-piracy legislation**

Answer 9

Question 9の答え

② South China Sea
南シナ海

質問の訳

係争水域をめぐって中国との間で緊張が高まる中、ベトナムが6月13日、海軍の実射演習を開始した海域の名前は？

〈67ページ参照〉

ちなみに、①は東シナ海、③は黄海の英語名。

Answer 10

Question 10の答え

③ anti-piracy legislation
海賊行為防止法案

質問の訳

オンライン百科事典の『ウィキペディア』が米国で提案されている（インターネット海賊行為防止法案）に抗議して、今週中に24時間の自主閉鎖を行う。

〈219ページ参照〉

ちなみに、①は「セキュリティシステム」、②は「独占禁止法」。

Question 11

次の英文を読み、選択肢の中から正しい答えを選びなさい。

The authorities in Myanmar released about 100 political prisoners as part of an amnesty. Name the pro-democracy leader who announced this on Oct. 12.

① Gloria Arroyo

② Yingluck Shinawatra

③ Aung San Suu Kyi

Question 12

次の英文の空所に入る語句を選択肢の中から選びなさい。

The brutal cold snap that has gripped Europe for more than a week brought more havoc (　　　　) on Sunday, pushing the death toll above 280.

① all over the world

② across the continent

③ throughout the country

Answer 11　Question 11 の答え

③ Aung San Suu Kyi
アウン・サン・スー・チー

質問の訳

ミャンマー当局が恩赦の一環として政治犯約 100 人を釈放した。10 月 12 日、このことを発表した民主化運動指導者の名前は?

〈153 ページ参照〉

ちなみに、①はアロヨフィリピン前大統領、②はインラック・タイ首相。

Answer 12　Question 12 の答え

② across the continent
欧州各地で

質問の訳

日曜日、欧州で 1 週間以上続いている厳しい寒波の被害が（欧州各地で）さらに拡大し、死者は 280 人を超えた。

〈235 ページ参照〉

ちなみに、①は「世界各地で」、③は「国内各地で」という意味。

☑Question 13

次の英文を読み、選択肢の中から正しい答えを選びなさい。

What MLB team has won the rights to negotiate exclusively with Japanese pitching ace Yu Darvish with a record-setting bid of $51.7 million?

① Houston Astros

② Arizona Diamondbacks

③ Texas Rangers

☑Question 14

次の英文の空所に入る語句を選択肢の中から選びなさい。

The entire board of Japanese camera maker Olympus expressed its intention to resign, possibly as early as February, over a ¥130 billion (　　　　).

① validated export amount

② foreign investment

③ accounting fraud

Answer 13　Question 13 の答え

③ Texas Rangers
テキサス・レンジャーズ

質問の訳

過去最高落札額の5170万ドルで日本のエース投手ダルビッシュ有選手との独占交渉権を獲得した大リーグのチームはどこか？

〈199ページ参照〉

ちなみに、①は同じテキサス州のヒューストン・アストロズ、②はアリゾナ・ダイヤモンドバックス。

Answer 14　Question 14 の答え

③ accounting fraud
不正会計

質問の訳

日本のカメラメーカー、オリンパスが、1300億円の（不正会計）をめぐって、取締役会が早ければ2月にも総退陣する意向を表明した。

〈193ページ参照〉

ちなみに、①は輸出認承額、②は海外投資のこと。

☑Question 15

次の英文を読み、選択肢の中から正しい答えを選びなさい。

The Libyan ex-leader who had ruled the country for 42 years was captured and killed by the forces of National Transitional Council on Oct. 20. What is his name?

① Muammar Gaddafi

② Hamid Karzai

③ Hosni Mubarak

☑Question 16

次の英文の空所に入る語句を選択肢の中から選びなさい。

Japanese researchers have discovered vast deposits of rare earth minerals, which are used in many (　　　　), in the deep seabed of the Pacific Ocean.

① plastic goods

② chemical products

③ high-tech products

Answer 15

Question 15の答え

① Muammar Gaddafi
ムアマル・カダフィ大佐

質問の訳

10月20日、リビアを42年にわたって支配し、国民評議会軍によって拘束され死亡した元指導者はだれ？

〈157ページ参照〉

ちなみに、②はアフガニスタンのカルザイ大統領、③はエジプトのムバラク前大統領。

Answer 16

Question 16の答え

③ high-tech products
ハイテク製品

質問の訳

日本の研究者らが、多くの（ハイテク製品）に使われるレアアースの大鉱床を、太平洋の深海底に発見した。

〈81ページ参照〉

ちなみに、①は「プラスティック製品」、②は「化学製品」のこと。

☑ Question 17

次の英文を読み、選択肢の中から正しい答えを選びなさい。

Name the North Korean leader who died of a heart attack while on a train trip to visit an area outside Pyongyang.

① Kim Jong-il

② Kim Jong-un

③ Kim Il-sung

☑ Question 18

次の英文の空所に入る語句を選択肢の中から選びなさい。

Iran halted oil sales to Britain and France on Sunday in retaliation against EU (　　　　　) over Tehran's nuclear development issues.

① economic support

② economic cooperation

③ economic sanctions

Answer 17　Question 17 の答え

① Kim Jong-il
金正日

質問の訳

平壌から離れた地域を視察する途中の列車内で心臓発作のため死去した北朝鮮の指導者の名前は？

〈195 ページ参照〉

ちなみに、②は新しい総書記に就任する金正恩、③は建国の父、金日成。

Answer 18　Question 18 の答え

③ economic sanctions
経済制裁

質問の訳

イランは日曜日、同国の核開発問題をめぐる欧州連合の（経済制裁）に対する報復として、英国とフランスへの原油輸出を停止した。

〈247 ページ参照〉

ちなみに、①は「経済援助」、②は「経済協力」のこと。

Question 19

次の英文を読み、選択肢の中から正しい答えを選びなさい。

Name the former California governor who announced on May 9 that he was separated from his wife after 25 years of marriage.

① Steve McQueen

② Clint Eastwood

③ Arnold Schwarzenegger

Question 20

次の英文の空所に入る語を選択肢の中から選びなさい。

China launched (　　　　　) Shenzhou 8 on Tuesday, taking the next step in its efforts to build its own manned space station by 2020.

① the unmanned spacecraft

② the supersonic transport

③ the strategic missile

Answer 19

Question 19 の答え

③ Arnold Schwarzenegger
アーノルド・シュワルツェネッガー

質問の訳

5月9日、25年の結婚生活の末に別居に至っていると発表した元カリフォルニア州知事の名前は?

〈43 ページ参照〉

ちなみに、アーノルド・シュワルツェネッガーは映画俳優で州知事。①も②も映画俳優。

Answer 20

Question 20 の答え

① the unmanned spacecraft
無人宇宙船

質問の訳

中国は火曜日、(無人宇宙船)「神舟8号」を打ち上げ、2020年までに独自の有人宇宙ステーションを建設する取り組みに向けて、次の一歩を踏み出した。

〈165 ページ参照〉

ちなみに、②は「超音速旅客機」、③は「戦略ミサイル」。

索引 INDEX

〈単語別〉では、【チェック！】欄に出てくる重要単語・熟語類を、アルファベット順に並べました。
チェック欄□も利用して、学習のまとめ・単語の総整理などにお使いください。

〈単語別〉

A

B

C

S

T

一〇〇字書評

切り取り線

購買動機（新聞、雑誌名を記入するか、あるいは○をつけてください）	
□（　　　　　　　　）の広告を見て	
□（　　　　　　　　）の書評を見て	
□ 知人のすすめで	□ タイトルに惹かれて
□ カバーがよかったから	□ 内容が面白そうだから
□ 好きな作家だから	□ 好きな分野の本だから

●最近、最も感銘を受けた作品名をお書きください

●あなたのお好きな作家名をお書きください

●その他、ご要望がありましたらお書きください

住所	〒				
氏名		職業		年齢	
新刊情報等のパソコンメール配信を 希望する・しない	Eメール	※携帯には配信できません			

あなたにお願い

この本の感想を、編集部までお寄せいただけたらありがたく存じます。今後の企画の参考にさせていただきます。Eメールでも結構です。

いただいた「一〇〇字書評」は、新聞・雑誌等に紹介させていただくことがあります。その場合はお礼として特製図書カードを差し上げます。

前ページの原稿用紙に書評をお書きの上、切り取り、左記までお送り下さい。宛先の住所は不要です。

なお、ご記入いただいたお名前、ご住所等は、書評紹介の事前了解、謝礼のお届けのためだけに利用し、そのほかの目的のために利用することはありません。

〒一〇一-八七〇一
祥伝社黄金文庫編集長　吉田浩行
☎〇三（三二六五）二〇八四
ohgon@shodensha.co.jp

祥伝社ホームページの「ブックレビュー」からも、書けるようになりました。
http://www.shodensha.co.jp/bookreview/

祥伝社黄金文庫

1日1分！英字新聞　チャレンジ

平成24年4月20日　初版第1刷発行

著　者　石田 健
発行者　竹内和芳
発行所　祥伝社
〒101－8701
東京都千代田区神田神保町3－3
電話　03（3265）2084（編集部）
電話　03（3265）2081（販売部）
電話　03（3265）3622（業務部）
http://www.shodensha.co.jp/

印刷所　萩原印刷
製本所　積信堂

Printed in Japan　© 2012, Ken Ishida　ISBN978-4-396-31571-9 C0182

祥伝社黄金文庫

石田　健　1日1分！英字新聞

超人気メルマガが本になった！“生きた英語”はこれで完璧。最新英単語と文法が身につく。

石田　健　1日1分！英字新聞プレミアム

超人気シリーズが今年はさらにパワーアップ！　音声サービスで、リスニング対策も万全。

石田　健　1日1分！英字新聞プレミアム2

累計40万部の人気シリーズ!!　TOEIC Testや受験に効果大。英単語、文法、リスニングが身につく!!

石田　健　1日1分！英字新聞プレミアム3

読める。聴ける。続けられる。ほんとうの英語力をつけたいのなら、この1冊！　カラー写真も満載！

石田　健　1日1分！英字新聞エクスプレス

通勤、通学、休み時間、ちょっとした合間に。これ1冊で「生きた英語」の英単語、文法、リスニングもOK！

石田　健　1日1分！英字新聞エクスプレス2

TOEICテスト、就職試験対策にも最適！　チェックテストであなたの理解度がわかる！

祥伝社黄金文庫

中村澄子　1日1分レッスン！新TOEIC®Test 千本ノック！

難問、良問、頻出、基本、すべてあります。カリスマ講師が最新の出題傾向から厳選した172問。

中村澄子　1日1分レッスン！新TOEIC®Test 千本ノック！2

時間のないあなたに、おすすめします。最新の出題傾向がわかる最強の問題集です。

中村澄子　1日1分レッスン！新TOEIC®TEST 千本ノック！3

カリスマ講師・中村澄子が出題傾向を徹底分析。解いた数だけ点数アップする即効問題、厳選150問。

中村澄子　1日1分レッスン！TOEIC®Test 英単語、これだけ

出ない単語は載せません。耳からも学べる、最小にして最強の単語集。1冊丸ごとダウンロードできます。

中村澄子　1日1分レッスン！新TOEIC®TEST 英単語、これだけ 完結編

効率よく覚えたい受験生のために本当に出る337語を厳選。シリーズ3冊で単語対策はバッチリ

中村澄子　新TOEIC®テスト スコアアップ135のヒント

最強のTOEICテスト攻略法。基本から直前・当日対策まで、最も効率的な勉強法はコレだ！

祥伝社黄金文庫

荒井弥栄
ビジネスで信頼される
ファーストクラスの英会話
元ＪＡＬ国際線ＣＡの人気講師が、ネイティブにも通用するワンランク上の「英語」をレッスン！

川本佐奈恵
ＮＨＫの英語講座を
フル活用した簡単上達法
安い・手軽・毎日放送がある・質が高い。ＮＨＫの英語講座徹底活用法を大公開！

片岡文子
１日１分！　英単語
ＴＯＥＩＣや入社試験によく効く！ワンランクアップの単語力は、この１冊で必要にして十分。

斎藤兆史
日本人に一番合った
英語学習法
話せない、読めないと英語に悩む現代人が手本とすべき、先人たちの「学びの知恵」を探る！

デイビッド・セイン
ネイティブとつながる
Ｔｗｉｔｔｅｒ英語
Ｔｗｉｔｔｅｒは最高のテキスト。よく使われるフレーズを覚えて英語でつぶやけばみるみる実力アップ！

小池直己
佐藤誠司
３時間でできる
やり直し中学英語
１ステップ１分！　たった180ステップで、ただ中学の学習をなぞるだけでなくより実用的な英語力が身につきます。